T0018077

Mikel López Iturriaga nació hace muy pocos años en la capital de la Vía Láctea (Bilbao). Desde su más tierna infancia comió muy bien gracias a su madre, Mari Carmen, y a su segunda madre, Juli, auténticas heroínas de la cocina tradicional. Como periodista ha hecho de todo: radio, en la Cadena Ser; televisión, en Telemadrid y Canal +; prensa escrita, en *El País*, *Rolling Stone* o *La Vanguardia*, e internet, en *Ya.com* y *ADN.es*. Lo que sabe de cocina lo aprendió en la Escuela de Hostelería Hofmann de Barcelona. Tras cosechar un inesperado éxito con el blog gastronómico *Ondakín*, *El País* cometió la imprudencia de pagarle por hacer *El Comidista*, tarea a la que se dedica actualmente con total devoción.

Biblioteca

MIKEL LÓPEZ ITURRIAGA

Las recetas de *El Comidista*

DEBOLSILLO

Papel certificado por el Forest Stewardship Council®

MIXTO
Papel procedente de
fuentes responsables
FSC® C117695
www.fsc.org

Primera edición en Debolsillo: octubre de 2020

Printed in Spain – Impreso en España

ISBN: 978-84-663-5372-4
Depósito legal: B-7.981-2020

Compuesto en IT's Gràfiques, S. C. P.

Impreso en Black Print CPI Ibérica
Sant Andreu de la Barca (Barcelona)

P 3 5 3 7 2 A

Penguin
Random House
Grupo Editorial

ÍNDICE

3 EXPOLIANDO A LA FAMILIA
Es lo bueno de los parientes: puedes publicar sus recetas sin pagarles derechos

4 PARA TI, QUE ERES POBRE
¿No tienes dónde caerte muerto? ¿Estás a la cuarta pregunta? Éste es tu capítulo

5 PLATOS QUEMAGRASA
Bueno, es mentira que quemen grasa, pero al menos son ligeros y no engordan demasiado

6 COCINA HEAVY METAL
Recetas contundentes sin chorradas, para valientes, tragaldabas y zampatortas

7 MUNDO VIEJUNO
Comida del año de la polca adaptada a los tiempos modernos

8 PIJA POR UN DÍA
Cocina para celebraciones, ocasiones especiales y recepciones del embajador

9 HUMILLA A TUS COMPAÑEROS CON EL TUPPER
Haz que muerdan el polvo y se avergüencen de sus tristes ensaladas de pasta

10 PRECOCINADOS CASEROS
Platos que se pueden hacer con antelación
para no entrar en pánico cuando hay invitados

11 CÓMO ENGAÑAR SIRVIENDO SOBRAS
Logra que tus seres queridos coman restos pensando que son alta cocina

12 COMIDA POSTALCOHÓLICA
Lo que necesitas cuando llegas taja a casa o en el resacón del día siguiente

13 BAJÓN DE AZÚCAR
Para esos momentos en los que o tomas algo dulce
o te mueres

Siempre he mirado con desconfianza las historias de superación motivadas por la crisis. Me irrita que me vendan como «una nueva oportunidad» la quiebra de un proyecto o la pérdida de un empleo, algo que lo mires por donde lo mires es una desgracia. Cuando te piden que veas el futuro color de rosa siendo más negro que el carbón, siento que me están dando palmaditas en la espalda como si fuera idiota. Sin embargo, he de decir que este libro, de alguna forma, es un hijo del paro.

Si a principios de 2009 no me hubieran hecho el favor de despedirme del diario donde trabajaba como redactor jefe nunca habría montado mi propio blog gastronómico, *Ondakín*. Sin *Ondakín*, los responsables de la web de *El País* nunca me habrían llamado para hacer otro blog similar, al que puse el nombre de *El Comidista*. Y sin *El Comidista*, los amables señores de la editorial Plaza & Janés nunca habrían cometido la imprudencia de publicar este recetario, y el pobre se habría quedado en el mundo de los nonatos por siempre jamás.

Contra todo pronóstico, quedarme en la calle no sólo dio paso a nuevas y excitantes aventuras, sino que abrió la etapa más feliz de mi vida profesional por varios motivos. Cocino más que nunca y me lo paso pipa haciéndolo. Escribo sobre comida, un tema del que no soy un gran experto pero que me apasiona tanto como mi otra especialidad, la música pop. En *El País* no sólo me dejan tratar los asuntos que me vienen en gana, sino que jalean mis impulsos creativos aunque a veces rocen la ida de olla. Tengo la inmensa suerte de publicar en internet, por lo que cuento con una respuesta inmediata de mis lectores, personas que por lo general dan ánimos, aportan valiosas ideas y corrigen más de un error. No piso la redacción —punto importante después de haber currado quince años en ellas— y puedo trabajar desde cualquier sitio. ¡Y encima me pagan!

Todos estos puntos contrarrestan mi natural carácter destemplado y generan en mí una alegría que se transmite en las entradas del blog, lo que en mi humilde opinión es una de las claves del éxito de *El Comidista*. En un país en el que hay demasiados cabreados campando por sus respetos, he elegido tratar la gastronomía sin humos, de forma relajada e incluso cómica, riéndome un poco de todo, empezando por mí mismo. Y creo que la gente lo agradece. Tengo una consigna básica: «pon en el mínimo espacio posible la máxima información y el máximo sentido del humor». Ojo, no confundir «humor» con «falta de rigor»: como dijo aquél, «lo divertido no es lo contrario de lo serio, sino de lo aburrido».

Otro de mis principios fundacionales es el de no ponerme nunca en el pedestal y hablar como un sabio de la cocina. Primero porque no lo soy, segundo porque no hay mejor manera de ahuyentar a la audiencia que dándole la pelmada con una exhibición de conocimientos, y tercero porque ya hay suficientes divas en la gastronomía española como para sumar otra.

No tengo nada contra la alta cocina, los superchefs y los restaurantes de postín: me gusta conocer lo que hacen e ir a probarlo de vez en cuando. Aunque haya mucho farsante por ahí, reconozco el mérito que tienen muchos de ellos, y soy consciente de que marcan la pauta en muchas comidas que al final llegan al gran público. Pero mi liga es otra: la de la cocina hecha en casa, sin grandes complicaciones pero con un punto de originalidad y de refinamiento, no elitista, asequible a todos los bolsillos y a todas las personas, tengan los conocimientos culinarios que tengan. Una cocina que huye del *gourmetismo*, la pomposidad y el rebuscamiento como de la peste. En palabras de David *Robin Food* de Jorge, «una cocina sin chorradas».

Me horroriza pensar que en España, un país con una buena tradición alimentaria que desde hace unos años es famoso en todo el mundo por sus chefs, cada vez cocina menos gente. Entre el bombardeo publicitario de la comida procesada y las prisas permanentes con que vivimos no parece haber ni ganas ni tiempo para entregarse a tres de los mayores placeres al alcance del ser humano, como son el guisar, el comer bien y el dar de comer bien a los que te rodean.

Por suerte, hay un montón de blogs, seguramente mejores que el mío, que pelean contra esa tendencia, persuadiendo a sus lectores a base de excelentes y factibles recetas, fotografías seductoras y textos adictivos por su personalidad y su tono de-tú-a-tú. Como Obi-Wan Kenobis culinarios, ellos son nuestra única esperanza. Los que estamos en medios grandes debemos secundar ese esfuerzo por popularizar la cocina, especialmente entre el público joven: sin él, *no future* para la felicidad gastronómica en este país.

Quiero creer que tanto *El Comidista* como las 150 recetas de este libro pueden no sólo interesar a los que ya saben algo de cocina, sino animar a plantarse frente a los fogones a los perezosos, los indecisos y los temerosos del fracaso. A estos últimos les diré que todos la hemos cagado (y lo seguimos haciendo) con muchos platos, y que no pasa absolutamente nada. Hay una norma que se cumple casi siempre: la segunda vez sale mejor.

No es por exculparme de posibles fracasos, pero pienso que las recetas son sólo una guía, no un catálogo de normas que hay que seguir como si estuviéramos en un laboratorio haciendo un experimento científico. La cocina está sujeta a múltiples variables que la convierten en una de las ciencias menos exactas que existen. Pero eso es justo lo que la hace divertida, el ser una actividad viva y siempre cambiante. De hecho, bastantes de las fórmulas que se incluyen en este libro están modificadas respecto a lo que se publicó en internet, bien por experiencias propias posteriores o bien por los sabios consejos de los lectores en los comentarios de los *posts*.

Si algo tengo claro después de estos años de *gastroblogueo* es que al enfrentarse a las cazuelas lo mejor es relajarse, tratar de entender por qué pasa lo que pasa en ellas, aprender de los errores, improvisar y adaptar la receta a lo que tienes, a lo que te gusta o a lo que te apetece en ese momento. No estresarse si no sale todo perfecto, porque los comensales sabrán apreciar el esfuerzo. Tomarse la cocina con buen humor. En definitiva, disfrutar, que es a lo que hemos venido a este mundo.

facebook.com/elcomidista
Twitter: @mikeliturriaga

1. PATÉ DE HIGOS, ACEITUNAS NEGRAS Y NUECES

En La Boquería de Barcelona hay dos puestos de cocina extranjera en los que podría gastarme mi herencia. El primero es el Masitta, un coreano dirigido por una señora educadísima que hace *chap ché* y otras delicias de Oriente, por cuyo pulcro *stand* siempre parece que acaba de pasar Mr. Proper. El otro es griego, se llama Symposion y vende todo tipo de productos helenos: aceitunas, yogur, quesos, *spanakopitas* (hojaldres con espinacas), pinchitos de carne, dulces... Allí compro el mejor queso feta que he probado fuera de Grecia, me imagino que traído en las míticas latas gigantes en que se comercializa en aquel país. También tienen un espectacular surtido de salsas para aperitivo, como el *tzatziki*, la *melitzanosalata* (con berenjenas), la *paprika* (con pimientos picantes) o la *taramosalata* (con huevas de pescado).

Una de sus últimas incorporaciones es un paté de aceitunas e higos letal, que me he atrevido a replicar guiándome por el instinto. Fue uno de los *greatest hits* del aperitivo de la pasada Nochebuena en mi casa: más suave y crocante que la olivada o *tapenade* clásica, es perfecto para canapés, bocadillos o aliños de ensalada.

☠ DIFICULTAD Para incapacitados.

INGREDIENTES

Para 4 personas
200 g de higos turcos secos
200 g de aceitunas negras poco amargas
30 g de nueces españolas
3 cucharadas de aceite de oliva virgen extra
1 cucharadita de vinagre balsámico

1 cucharadita de orégano
½ cucharadita de tomillo
Sal y pimienta negra

PREPARACIÓN

1. Picar los higos. Ponerlos en una cazuela pequeña con 100 ml de agua, y hervirlos a fuego suave hasta que se rehidraten y absorban todo el líquido (unos 6-8 minutos). Si es necesario, añadir un poco de agua. Retirar del fuego y dejar enfriar.

2. Deshuesar las aceitunas, unirlas a los higos, el aceite, el vinagre, el orégano y el tomillo, y pasarlo todo por el pasapurés. Desmigar las nueces con las manos y mezclarlas con el paté. Salpimentarlo y añadir un poco de aceite más si se ve demasiado seco.

3. Dejar reposar unas horas en la nevera, y añadir algo más de aceite si es necesario.

NOTA DEL COCINERO El horóscopo avisa de que las personas que usen nueces de California para esta receta sufrirán toda clase de infortunios.

MÚSICA PARA GUISAR The Drums, *Summertime EP* (2010).

2. ENSALADA DE SANDÍA, MELÓN Y FETA

Quede claro desde el principio que ésta es una receta para atrevidos. No por su complicación, sino por su sabor nada convencional. Absténganse los que no disfruten con las combinaciones arriesgadas de dulce y salado, porque el plato es un choque entre dos ingredientes con mucho azúcar (la sandía y el melón) y otros dos bastante saladitos (el queso feta y las aceitunas negras).

A mí me encanta esta receta, inspirada en otra de la cocinera británica Nigella Lawson, por varios motivos. Es perfecta para el verano, puesto que el frescor de la sandía y el melón está aún más potenciado por la lima y la menta. Además incluye una fórmula mágica para que la cebolla no repita ni siente mal al estómago. Visualmente, no puede ser más bonita. Y lo más importante, se prepara en cinco minutos.

🎲 **DIFICULTAD** Para melones.

INGREDIENTES

Para 4 personas
350 g de sandía
350 g de melón
125 g de queso feta
50 g de aceitunas negras de Aragón
2 limas (o en su defecto, limones)
½ cebolla roja
1 cucharada de menta fresca picada
1 manojo de perejil fresco
Aceite de oliva extra virgen
Sal y pimienta negra molida

1. Cortar la cebolla en juliana fina y ponerla a macerar en un bol con el zumo de las limas. Pelar la sandía, quitarle todas las pepitas posibles y cortarla en trozos irregulares de unos 3-4 cm (del tamaño adecuado para que se puedan comer de un bocado). Hacer lo mismo con el melón.

2. Repartir la fruta en los platos o en la fuente en la que vayamos a servir. Espolvorear por encima el feta desmigado con las manos en trozos algo más pequeños que los de sandía y melón. Añadir la menta picada y el perejil en trozos grandes, sin picar pero eliminando los tallos.

3. Verter encima la cebolla con el jugo de lima, las aceitunas, el aceite y un poco de sal. Remover suavemente con las manos para que no se deshaga ni la sandía ni el feta. Espolvorear con pimienta picada, probar, corregir de sal y añadir un poco más de lima si hace falta.

NOTA DEL COCINERO Es básico que el feta sea griego de verdad, y que el aceite sea bueno.

MÚSICA PARA GUISAR Belle & Sebastian, *The life pursuit* (2006).

3. ENSALADA DE REMOLACHA, BOQUERONES Y HUEVO

La idea de la ensalada de remolacha, boquerones y huevo cocido viene del restaurante Motorino, de Nueva York. Esta pizzería gourmet, regida por el cocinero Mathieu Palombino, sirve «la mejor pizza de la ciudad» según el *New York Times*, y por lo visto lo hace a precios bastante razonables.

No es que yo haya estado allí, porque la pertinaz crisis me impide pegarme los viajes del pasado y ya no voy ni a L'Hospitalet, pero leí sobre él en la web del periódico estadounidense.

En el artículo no explicaba la receta, así que me la inventé partiendo de la imagen y de las pocas indicaciones que daba el texto. No tengo ni idea de si se parecerá o no a la original, pero lo que sí os puedo asegurar es que está increíblemente buena y que sus sabores armonizan como si hubieran nacido para estar juntos.

La ensalada admite variaciones, como ponerle patata o un poco de queso. Es básico utilizar unos buenos boquerones, no baratuzos, y estirarse también un poquito con el aceite de oliva. Los huevos, si son camperos, mejor.

Y jamás de los jamases usar remolacha en vinagre: sólo cocida.

🔲 DIFICULTAD Para mediocres.

INGREDIENTES

Para 4 personas
600 g de remolacha cocida
12 filetes de boquerón en vinagre de buena calidad
4 huevos pequeños
12 aceitunas negras

1 cebolla roja (morada) pequeña
1 limón
1 manojo de perejil
8 hojitas de hierbabuena
Aceite de oliva virgen extra
Sal y pimienta negra recién molida

PREPARACIÓN

1. Cocer los huevos *mollet* (para que la yema quede líquida) unos 7 minutos en agua hirviendo con un poco de sal. Pasar por agua fría, pelar y reservar.

2. Picar la cebolla en juliana y tenerla unos 10 minutos en remojo con zumo de limón para que pierda potencia. Picar la hierbabuena y preparar unas hojas de perejil enteras sin el tallo (unas 4 por persona).

3. Cortar las remolachas en cubos como de bocado (unos 3 cm), aliñarlas con la cebolla, aceite, sal y pimienta. Repartirlas en los platos y colocar los boquerones, las aceitunas, el perejil y la hierbabuena por encima. En el último momento, agregarle el huevo *mollet* cortado en vertical. Añadir una pizca más de sal y pimienta y un chorrito extra de aceite, y servir inmediatamente.

🁢 **NOTA DEL COCINERO** Aunque alargue el tiempo de elaboración, las remolachas cocidas en casa son estupendas: simplemente hay que tenerlas cociendo una hora en agua con sal, y después pelarlas.

🎵 **MÚSICA PARA GUISAR** Talking Heads, *Speaking in tongues* (1983).

4. SOPA RÁPIDA DE GARBANZOS, HUEVO Y CHORIZO

Otro plato nacido de la más pura necesidad. Es decir, de no tener nada en la nevera y tener que cocinar algo caliente como sea. Después de unos días fuera, el panorama de un lunes en mi nevera era más o menos el siguiente: dos huevos, unos pocos garbanzos cocidos y un trozo de chorizo riojano picante inasequible a la descomposición.

Por suerte en la despensa había también un restillo de pasta en forma de piñones y un tetra-brick de caldo de pollo. Así que la única salida a esta situación desesperada era una sopa a la «todo lo que tengo». Sorprendentemente, la combinación funcionó tan bien que este puchero-exprés ha sido uno de los platos que más satisfacción me han dado últimamente. Todo el tiempo dándole vueltas a la cabeza para hacer recetas originales y a veces lo simple es lo más efectivo.

⊡ DIFICULTAD Para necios.

INGREDIENTES

Para 4 personas
300 g de garbanzos cocidos
1,5 litros de caldo de pollo
2 huevos
100 g de chorizo
100 g de pasta para sopa (piñones, fideos o estrellitas)
Aceite de oliva
Sal

1. Cocer los huevos en agua hirviendo con sal durante 10 minutos. Pasar por agua fría, pelar y reservar.

2. Picar el chorizo muy menudo y saltearlo un par de minutos en una sartén con unas gotas de aceite de oliva bien caliente. Reservar.

3. Cocer la pasta en un litro de caldo de pollo hasta que esté al dente, dos o tres minutos menos de lo que ponga el paquete. Añadir los garbanzos, el huevo picado y el chorizo y dejar que hierva 5 minutos más. Si hiciera falta, añadir un poco más de caldo. Corregir de sal y servir caliente.

NOTA DEL COCINERO Otra versión de esta sopa, más larga pero quizá más sabrosa, se hace cociendo los garbanzos secos en caldo de pollo.

MÚSICA PARA GUISAR The Supremes, *15 favorites* (2008).

La idea de esta receta surge de uno de esos regresos a casa después de un viaje en los que te encuentras con la clásica nevera desoladora: un par de latas de cerveza, dos limones resecos, el final de un bote de mermelada, unos pepinillos y unas aceitunas en dudoso estado de conservación.

Lo único decente que tenía era un bote de anchoas buenísimas de Santoña y unos puerros que me había traído de Madrid —sí, yo soy de esos que por no tirar comida se puede cruzar España cargado de comida como un Botejara—. Con ellos y con un resto de paquete de macarrones hice una pasta que, en un absoluto milagro, resultó exquisita. El puerro pochado le fue como un guante a las anchoas, y el pepinillo puso la nota ácida justa a la mantequilla para que el plato no resultara empalagoso.

🎲 **DIFICULTAD** Para estados de emergencia.

INGREDIENTES

Para 4 personas
500 g de pasta corta (macarrones, tortiglioni, rigatoni o penne).
3 o 4 puerros (unos 350 g, aproximadamente)
8-10 anchoas en aceite de buena calidad
8 pepinillos pequeños
2 cucharadas de mantequilla
Aceite de oliva
Sal y pimienta negra recién molida

1. Picar el puerro fino desechando la parte verde oscura. Lavarlo bajo el grifo con un colador y escurrirlo ligeramente, dejando que conserve algo de agua (así se hará antes). Rehogarlo en una sartén a fuego lento con un chorrito de aceite de oliva y una pizca de sal, hasta que esté bien pochado (unos 15-20 minutos).

2. Majar las anchoas en un mortero hasta convertirlas en una pasta. Cortar los pepinillos en rodajas finas. Añadirlo todo al puerro, dar una vuelta, retirar del fuego y reservar tapado.

3. Cocer la pasta en agua abundante con sal el tiempo que indique el paquete. Escurrir reservando unas 3 cucharadas del agua de cocción.

4. Mezclar la pasta caliente y el agua reservada con el puerro con anchoa y la mantequilla, revolviendo bien sobre el fuego hasta que ésta se derrita. Añadir pimienta, corregir de sal y servir inmediatamente.

NOTA DEL COCINERO El truco de añadir un poco de agua de la cocción es muy conveniente cuando la salsa no tiene ingredientes que aporten humedad. Por ejemplo, con el pesto.

MÚSICA PARA GUISAR Vinicius de Moraes, *En La Fusa* (1970).

6. PIZZA BLANCA DE CALABACÍN Y MORCILLA

Tengo una obsesión enfermiza por aprovecharlo todo quizá heredada de mi abuela, que era de las que guardaba los chuscos de pan de los restaurantes en el bolso. Después de hacer una tarta para probar la masa brisa de Rana, que se supone que no lleva grasas hidrogenadas, me sobró un poco y decidí hacer una especie de pizza con ella. Los ingredientes fueron los que tenía en la nevera en ese momento: calabacín y morcilla.

La base no quedó mal: un poco insípida para mi gusto, pero al menos no te formaba la capa de sebo en el paladar que te dejan otras masas fabricadas. Sin embargo, la pareja morcilla-calabacín, alegrada con cebolla y pimiento verde, me pareció un descubrimiento que merecía una masa de pizza en condiciones.

DIFICULTAD Si se hace la masa, para personas con algo de experiencia. Si se compra hecha, para torpes.

INGREDIENTES

Para 4 personas

1 disco grande de masa fresca para pizza o masa de pizza hecha según la receta de la página 356
1 calabacín
300 g de morcilla que se pueda comer cruda (en su defecto, de la normal de arroz)
1 cebolla
1 pimiento verde grande
Aceite de oliva
Sal y pimienta

1. Picar la cebolla y el pimiento en tiras y reservar.

2. Cortar el calabacín en rodajas de entre medio y un centímetro. Untarlas con un poco de aceite y saltearlas en una sartén bien caliente hasta que se doren por ambos lados. Salpimentar y reservar.

3. Bajar el fuego a media potencia, añadir un buen chorro más de aceite y freír hasta que se ablanden y la cebolla tome color. Sacar el pimiento y la cebolla con una espumadera y salpimentarlos ligeramente, retirar la sartén del fuego y reservar el aceite. Hasta aquí se puede hacer con antelación.

4. Precalentar el horno a potencia máxima y con el calor por la parte de abajo.

5. Extender la masa de pizza y pintarla con el aceite en el que hemos hecho las verduras. Repartir el calabacín, la cebolla y el pimiento por encima, y terminar con morcilla cortada en rodajas de medio centímetro aproximadamente (si se usa morcilla fresca normal, creo que es mejor pasarla antes un poco por la sartén con aceite).

6. Hornear unos 15 minutos (o lo que diga el fabricante si es precocinada), hasta que la masa esté crujiente. Antes de servir, y si es que ha sobrado, regarla con el resto del aceite de las verduras.

NOTA DEL COCINERO La fórmula calabacín+morcilla+pimiento+cebolla se puede usar en pinchos con pan.

MÚSICA PARA GUISAR Javiera Mena, *Mena* (2010).

Con su piel espinosa y su aspecto de planta desértica, el cardo es una verdura antipática donde las haya. De ahí esa expresión con la que me identifico tanto de «cardo borriquero», empleada para identificar a las personas poco agraciadas y a las de carácter hosco y desagradable.

Milagros de la cocina, una vez guisado el cardo es uno de los productos más delicados que existen. También uno de los más coñazo de hacer, todo hay que decirlo: limpiarlo, quitarle las hebras duras y cocerlo puede llevar casi un par de horas. Se puede prescindir de tan laborioso proceso comprándolo congelado o embotado: en ese caso, hay que elegir una buena marca y no tirarnos a lo más baratuzo.

La buena noticia es que el cardo, una vez cocido, no necesita preparaciones muy elaboradas para resultar delicioso. Esta receta clásica con salsa de almendras, una de mis favoritas de Navidad, no puede ser más simple y rápida.

🎮 DIFICULTAD Si compras el cardo limpio, mínima.

INGREDIENTES

Para 4 personas
Unos 800 g de cardo embotado o congelado
60 g de almendra cruda
60 g de jamón serrano picado
2 dientes de ajo
200 ml de caldo de cocción del cardo o de caldo vegetal
200 ml de leche entera
1 cucharadita colmada de harina
Aceite de oliva y sal

1. Si el cardo es de bote, hay que escurrirlo bien y darle un enjuague para eliminar los restos del líquido de la conserva. Si es congelado, seguir las instrucciones del envase para cocerlo.

2. Majar las almendras en un mortero, hasta que queden molidas pero no del todo (con algunos trocitos).

3. En una cazuela baja o sartén grande, dorar los ajos cortados en láminas y el jamón picado a fuego suave con un buen chorro de aceite de oliva. Añadir la harina y dejar que se haga un par de minutos.

4. Mojar con el caldo del cardo o de verduras y subir el fuego. Un par de minutos después, añadir la leche. Remover constantemente con una cuchara hasta que espese un poco. Añadir entonces el cardo y dejar que se haga a fuego suave unos 5-10 minutos.

5. Sumar por último la almendra y cocer un minuto más. La salsa tiene que quedar ligada pero no muy espesa; si lo está, añadir un poco de agua. Corregir de sal y servir en plato hondo con bastante salsorra.

🍽 NOTA DEL COCINERO Si se compra el cardo fresco, hay que desechar las hojas exteriores más duras, pelar las demás con un pelador, cortarlas y dejarlas en el agua con limón. Después hervir hasta que estén tiernas (entre 45 minutos y una hora).

🎧 MÚSICA PARA GUISAR Dionne Warwick, *Make way for Dionne Warwick* (1964).

Todos los habitantes del mar saben mucho mejor si son salvajes y no de criadero. En el caso de los mejillones, lo que separa uno de roca de uno cultivado es un abismo. Llamadme pijo, burgués y clasista —esto ya me lo han dicho antes en los comentarios del blog—, pero no puedo con esos mejillonazos gigantes, bastos, chiclosos y con unas barbas como la de Rasputín que se venden por ahí a precio de saldo. Prefiero pagar un poco más, comer menos y tomarlos medianos y criados en su hábitat natural.

En oposición a los rabiosos tigres de Bilbao, los mejillones a la marinera estilo francés son todo suavidad, gracias a su pecaminosa mezcla de mantequilla, cebolla y vino blanco. Hay pocas recetas que en menos tiempo de preparación me hayan dado un resultado tan espléndido. Eso sí, la condición indispensable es que tanto el mejillón como el vino sean decentes.

💀 **DIFICULTAD** Para memos.

INGREDIENTES

Para 4 personas
2 kg de mejillones de roca
1 cebolla
2 dientes de ajo
1 hoja de laurel
4 cucharadas de perejil picado
300 ml de vino blanco seco
50 g de mantequilla

1. Raspar los mejillones en seco quitándoles las barbas. Ponerlos en un bol con agua, remover bien y sacarlos con la mano. Cambiar el agua y repetir la operación. Dejarlos en un escurridor.

2. Picar la cebolla y el ajo, este último en trozos grandes si se quiere. Calentar a fuego medio la mantequilla en una cazuela. Añadir la cebolla picada y dejar que se ablande un poco unos 5 minutos. Añadir el ajo, la mitad del perejil y el laurel y dejar un par de minutos más.

3. Mojar con el vino blanco y tapar. Un minuto después, subir el fuego al máximo, añadir los mejillones y tapar. Cocer 5 minutos y, con una espumadera, sacarlos a una fuente, desechando los rotos o los que no se hayan abierto. Usando un colador, repartir el caldo en cuatro boles, con cuidado de no echar el posible poso final. Repartir el resto del perejil por encima

4. Servir inmediatamente los mejillones en platos acompañados de cada bol, para ir comiéndolos en sus conchas bien inundados de salsa.

NOTA DEL COCINERO Tirar el caldo de estos mejillones es pecado mortal. Lo que sobre se puede congelar y usar para potenciar el sabor de sopas de pescado o arroces marineros.

MÚSICA PARA GUISAR Feist, *Let it die* (2004).

9. GALLO CON VINAGRETA DE AGUACATE

¿Quiere usted comprobar cómo en España cada zona va a su bola? Pues visite unas cuantas pescaderías. En pocos sitios encontrará tantas formas distintas de llamar a una misma cosa como allí. El rape se transformará en pixín, xuliana o sapo; la caballa, en verat, verdel o xarda; la sepia, en choco o jibia, y así sucesivamente.

Aunque despista un poco cuando te mudas de tu pueblo al pueblo de al lado, yo estoy muy a favor de esta diversidad idiomática. Que cada cual llame a los pescados como lo hicieron sus ancestros, o directamente como le venga en gana. Pero, como ciudadano, me gustaría saber quién eligió los nombres en cuestión. Porque ¿qué tiene que ver un rape con un sapo, salvo que ambos son feísimos? ¿Seguro que pixín es una denominación adecuada para una bestia semiprehistórica? ¿Qué ha hecho la pobre palometa para que la llamen japuta? Y desde luego no me extraña que merluzo, besugo o trucha se utilicen como insultos, porque suenan como tales.

Vienen estas divagaciones a cuento del gallo. Yo a este bicho no le veo la cresta por ningún lado, pero bueno, ése es el absurdo nombre con el que lo conocía. Ahora bien, en Cataluña no son gallos. Son *bruixes*, es decir, brujas. Y atención, porque en Galicia se llaman rapantes de manchas y en Cantabria, ojitos. Sin comentarios.

En fin, la preparación de estos *gallosbruixesrapantesojitos* no puede ser más simplicia: una vinagreta suave de aguacate, un poco de cebolla frita y un puntito picante para contrastar con el delicado sabor del pescado. El plato que sale es tan ligero como fresco.

🎲 **DIFICULTAD** Para cretinos.

Para 4 personas

*Los filetes de dos o tres gallos grandes, dependiendo del saque
    de los comensales*

1 aguacate maduro

1 cebolla

½ limón

½ cucharadita de pimentón picante (o dulce, si se prefiere)

Aceite de oliva extra virgen

Aceite de oliva normal

Sal

PREPARACIÓN

1. Picar la cebolla en juliana muy fina y rehogarla en una cantidad generosa de aceite normal a fuego lento hasta que se dore y esté crujiente (unos 20-30 minutos), moviéndola de vez en cuando. Escurrirla bien sobre papel de cocina.

2. Pelar, picar el aguacate en daditos pequeños y ponerlo en un bol. Salarlo, añadir el zumo de medio limón y el pimentón y mezclar con suavidad. Añadir aceite extra virgen suficiente para que casi se cubra. Remover un poco para que el aguacate impregne la vinagreta, pero sin que se deshaga del todo. Corregir de sal y mantener a temperatura ambiente.

3. Limpiar los filetes de posibles espinas con unas pinzas para pescado si se tienen. Salarlos y untarlos con un poco del aceite de la cebolla y pasarlos por una plancha o sartén grande, lo justo para que se hagan

(con uno o dos minutos por cada lado suele bastar). Servir los filetes con la cebolla frita y unas cucharadas de vinagreta de aguacate templada por encima.

 NOTA DEL COCINERO Conviene aprovechar la temporada de los gallos, que es la primavera. Así se podrán encontrar a un precio más o menos razonable.

MÚSICA PARA GUISAR Klaus&Kinski, *Tierra, trágalos* (2010).

Mis salmonetes rellenos son una adaptación de una receta de sardinas de Susana Passolas, responsable del restaurante Le Quattro Stagioni en Barcelona y la única cocinera española presente en la llamada biblia de la cocina italiana, el libro *La cuchara de plata*.

El cambio en el pescado no tuvo otro motivo que la temporalidad: no era época de sardinas, y personalmente me niego a comer pescado de Apatamonasterio o de la Conchinchina. También hice algunas modificaciones en las hierbas a mi antojo, cambié el tipo de queso —Roncal en vez de parmesano—, simplifiqué los procedimientos y reduje la cantidad de pan rallado para aligerarlos. El plato queda buenísimo: puro Mediterráneo concentrado en unos pequeños pececillos rellenos.

DIFICULTAD Media si se tiene que filetear el pescado; para torpes si te lo hace el pescadero.

INGREDIENTES

Para 4 personas
800 g de salmonetes limpios y a poder ser fileteados
50 g de mantequilla
2 cucharadas de aceitunas negras picadas

Para el relleno
60 g de miga de pan blanco
50 g de queso del Roncal rallado (en su defecto, parmesano o cualquier queso curado)
1 filete de anchoa
1 diente de ajo

1 cucharada de albahaca fresca picada
1 cucharada de perejil fresco picado
1 cucharadita de cilantro fresco picado
1 cucharadita de romero fresco picado
Aceite de oliva extra virgen, sal y pimienta negra

PREPARACIÓN

1. Filetear los salmonetes con un cuchillo desechando la espina y la cabeza, si es que no lo ha hecho el pescadero. Guardar en la nevera.

2. Rallar el pan del relleno secándolo un poco antes en el horno o en la tostadora para que quede más suelto. Mezclar la parte correspondiente al relleno con el queso, la anchoa picada, el ajo picado y las hierbas. Salpimentar y añadir aceite poco a poco hasta obtener una masa.

3. Mezclar la mantequilla con las aceitunas. Salar la mantequilla ligeramente.

4. Precalentar el horno a 180 grados.

5. Aceitar una bandeja de horno y repartir en ella la mitad de los filetes de salmonete con la piel hacia abajo. Repartir el relleno sobre ellos y cubrir cada uno con otro filete con la piel hacia arriba. Poner un poco de mantequilla con aceitunas sobre cada salmonete, y gratinar en el horno unos 10 minutos. Servir inmediatamente acompañados de ensalada.

NOTA DEL COCINERO El relleno puede funcionar bien en cualquier otro pescado o incluso en unas pechugas de pollo.

MÚSICA PARA GUISAR The Beach Boys, *Pet Sounds* (1966).

11. SALTIMBOCA DE POLLO

La saltimboca es comida rápida de alto nivel. Supongo que habrá versiones laboriosas, pero la que hago yo está lista en unos 15 minutos. Si no me equivoco, mi receta se basa en la saltimboca típica de Roma, así que apuesta por un trío tan simple como exquisito: carne, jamón y salvia.

Este plato admite otras variantes: se puede hacer a la manera tradicional usando filetes de ternera en vez de pollo, o variar el tipo de vino, siempre que sea un poco dulce. Lo que no se debe cambiar de ninguna manera es la salvia, ese prodigio hecho hierba que es el alma de la saltimboca (y que no tiene nada que ver con la que fuma Miley Cyrus: ésa es otra variante de la planta que coloca).

💀 DIFICULTAD Tienes que saber dar una puntada con un palillo.

INGREDIENTES

Para 4 personas
8 filetes de pechuga de pollo
8 lonchas de jamón serrano no muy curado y cortado fino
16 hojas de salvia
100 g de mantequilla
200 ml de vino de Marsala, moscatel o jerez dulce
Harina
Sal y pimienta negra

1. Aplastar bien los filetes de pollo con una maza o el lado de un machete o un cuchillo grande.

2. Sazonarlos ligeramente, y ponerles a cada uno una loncha de jamón encima y un par de hojas de salvia. Fijar cada hoja con un palillo, pinchándolo por detrás y volviendo a clavarlo por delante.

3. Poner a calentar la mitad de la mantequilla en una sartén a fuego medio-alto. Pasar por un plato con harina los filetes y freírlos, un par de minutos por el lado del pollo, y uno por el lado del jamón y la salvia. Reservar al calor.

4. Mojar la sartén con el vino y desglasarla bien con una cuchara o pala de madera. Dejar que reduzca un minuto. Añadir la mantequilla restante y remover con el fuego fuerte un minuto más.

5. Verter la salsa sobre la carne, espolvorear un poco de pimienta negra recién molida, y servir de inmediato.

NOTA DEL COCINERO Si tienes dificultades para encontrar salvia, vale la pena comprar la planta y cultivarla en casa.

MÚSICA PARA GUISAR The High Lamas, *Snowbug* (1999).

La diferencia entre una hamburguesa casera y una de una cadena de comida rápida es más o menos la misma que entre un jamón ibérico y un *chopped* de cuatro euros el kilo. Una carne picada de calidad, con su justa cantidad de grasa, bien aderezada y asada en nuestra propia cocina puede ser un manjar tan refinado como un solomillo, y eso sin necesidad de emplear demasiado tiempo, esfuerzo o dinero en su preparación.

Para mí, el secreto de la hamburguesa es el aliño previo de la carne. Siempre me han gustado con cebolla frita, con hierbas y con un poco de pan rallado. Y un gran descubrimiento al respecto es la adición de un poco de cerveza negra en la mezcla: es sorprendente la textura y el sabor ligeramente tostado que le da a la ternera.

En cuanto a las alcaparras, su presencia es un homenaje a la hamburguesa emblemática de uno de los restaurantes más bonitos del mundo, el Flash Flash de Barcelona (o sus réplicas en Madrid y en Valencia). Si no gustan, se pueden eliminar o sustituir por aceituna verde deshuesada y picada en grueso.

🙂 DIFICULTAD ¡Buf!, superdifícil.

INGREDIENTES

Para 4 personas
700 g de aguja de ternera recién picada
1 cebolla grande
2 cucharadas de alcaparras
2 cucharadas de pan rallado
1 cucharada de perejil picado
½ cucharadita de tomillo seco

80 ml de cerveza negra (unas 5-6 cucharadas)
Aceite de oliva
Sal y pimienta negra recién molida

PREPARACIÓN

1. Picar fina la cebolla y rehogarla en una sartén con un chorro de aceite a fuego suave-medio durante unos 15 minutos, hasta que esté ligeramente dorada y blanda. Dejar que se enfríe en la misma sartén.

2. En un bol grande, mezclar la carne y la cebolla con su aceite. Añadir el pan rallado, las alcaparras, el perejil, el tomillo, sal y pimienta, y remover. Sumar por último la cerveza negra y mezclar.

3. Formar las hamburguesas con las manos o con un molde, prensando bien la carne. Untarlas con un poco de aceite y ponerlas en la parrilla o en la plancha a fuego medio-fuerte entre 3 y 6 minutos por cada lado, dependiendo de si gustan poco o muy hechas. No se deben marear ni mucho menos aplastar con la pala: así sólo conseguiremos que queden más secas.

4. Servir inmediatamente en bocadillo o acompañadas de ensalada verde y/o patatas fritas.

NOTA DEL COCINERO Para reforzar el sabor de las hamburguesas se puede hacer el paso 2 y dejar la carne tapada en la nevera unas horas, o incluso de un día para otro.

MÚSICA PARA GUISAR The B-52's, *The B-52's* (1979).

vegetales
sin
alpiste

1. SOPA PICANTE DE ZANAHORIA Y COCO

Toda persona aficionada a la cocina que visita Asia sufre después una etapa insoportable en la que intenta emular lo que ha comido por allá. De repente deja de guisar normal y tortura a sus seres queridos con toda clase de experimentos a cuál más raro, fabricados con productos como aceite de sésamo, salsa de pescado, jengibre o soja.

Por suerte esta fiebre se pasa rápido. Y por suerte también, siempre quedan algunos platillos tan buenos que convencen al más orientalófobo, y que se siguen haciendo después. Es el caso de esta crema de zanahoria y coco, producto de unas semanas de trance poscamboyano sufridas hace ya algunos años.

Teniendo una textura bastante espesa, esta crema sorprende por lo ligera que resulta al paladar. Creo que esto se debe sobre todo a la combinación de los aromas del jengibre, el chile, las semillas de hinojo y el cilantro. Aviso: está mejor después de unas horas o de un día para otro, pero el picante va aumentando su potencia.

☠ DIFICULTAD La de comprar los ingredientes.

INGREDIENTES

Para 4 personas
500 g de zanahorias
3 cebollas
2 dientes de ajo
2 cm de jengibre
1 chile rojo tailandés
1 cucharadita de semillas de hinojo
500 ml de leche de coco

100 ml de agua
1 manojo de cilantro
3 cucharadas de aceite de sésamo
Sal y pimienta negra

PREPARACIÓN

1. Pelar y picar en rodajas finas la zanahoria, la cebolla, el ajo y el jengibre. Picar el chile previamente despepitado.

2. Rehogar en el aceite a fuego medio el chile, el ajo, el jengibre y el hinojo en una cazuela grande, durante un minuto. Añadir la cebolla con un poco de sal, y bajar el fuego para que se haga lentamente durante unos 10 minutos.

3. Añadir las zanahorias con un poco más de sal, y cocer otros 15 minutos, hasta que se empiecen a reblandecer. Sumar la leche de coco y el agua, llevar a ebullición y dejarlo a fuego suave otros 10 minutos más.

5. Triturar la crema con batidora hasta que quede fina. Corregir de sal y pimienta. Antes de servir, añadir parte del cilantro a la sopa, y dejar un poco para espolvorear por encima de la sopera o de cada bol.

NOTA DEL COCINERO Si no encuentras chile tailandés, semillas de hinojo y aceite de sésamo, usa guindilla, semillas de anís y aceite de girasol más sésamo tostado.

MÚSICA PARA GUISAR The Byrds, *Younger than yesterday* (1967).

2. CREMA DE CALABACÍN Y QUESO IDIAZÁBAL

El calabacín es una de las verduras más sosongas que existen. Pero es un gran encajador, y precisamente su neutralidad lo hace idóneo para ciertos platos. Y además, si se le sabe sacar partido, su sabor suave puede resultar tan delicioso como el de otras hortalizas más potentes.

En esta crema, rehogo con fuerza el calabacín antes de cocerlo, para extraer todos los aromas posibles. Y al final le pongo un toquecillo de uno de los mejores quesos del País Vasco, el Idiazábal, para contrastar. Si os suena raro tomarla fría, está igual de buena en caliente, pero para el verano recomiendo lo primero. Si la vichyssoise se toma así, ¿por qué la crema de calabacín no?

DIFICULTAD Para insustanciales.

INGREDIENTES

Para 4 personas
2 calabacines grandes (o tres medianos)
2 patatas medianas
100 g de queso Idiazábal semicurado (o en su defecto, uno similar)
1 cebolla
4 cucharadas de nata líquida
1 litro de caldo de verduras
1 cucharada de mantequilla
Aceite de oliva
Sal y pimienta

1. Picar la cebolla y ponerla a rehogar a fuego medio en una cazuela grande con la mantequilla y un chorrito de aceite. Cuando esté transparente, añadir el calabacín picado en dados grandes, subir un poco el fuego y remover.

2. Cuando esté blandito, añadir las patatas peladas y cortadas en trozos grandes. Salpimentar ligeramente y mojar con el caldo, sólo con lo suficiente para cubrir las verduras. Cocer entre 20 y 30 minutos, hasta que la patata esté bien hecha.

3. Fuera del fuego, triturar con la batidora y añadir la nata. Sumar el queso Idiazábal rallado y remover hasta que se haya fundido del todo, calentándola un poco más si es necesario. Si se quiere una textura muy fina, pasar por el chino. Dejar enfriar y meter después en la nevera. Salpimentar.

NOTA DEL COCINERO Se puede servir con unos palitos de pan y queso, o con unas huevas de salmón en plan más fino. Y como casi todas las sopas, está mejor de un día para otro.

MÚSICA PARA GUISAR The Cure, *The head on the door* (1985).

3. GUISANTES CON BONIATO Y CEBOLLA CRUJIENTE

La mezcla de guisantes y boniato es un poco como las manzanas y las peras de Ana Botella: contra natura. O mejor dicho, contra temporada, porque unos son de primavera, y el otro, de otoño. Sin embargo, los guisantes conservan muy bien sus cualidades congelados, por lo que se pueden tomar sin problemas en otras épocas del año. Lo mejor es hacerse con una buena provisión en su estación y guardarlos en el congelador. Y si no, localizar alguna marca digna de guisantes extra-finos como, por ejemplo, los de La Sirena. En cualquier caso, evitar siempre los de lata, que además de feos son asquerosos, y que yo sepa sólo funcionan en la ensaladilla rusa.

A pesar de que los tres ingredientes del plato tiran a lo dulce, creo que combinan estupendamente, sobre todo por la diferencia de texturas del boniato cremoso, el guisante un poco crocante y la cebollita crujiente. Y la combinación de colores es más que chula.

DIFICULTAD Para boniatos.

INGREDIENTES

Para 4 personas

750 g de guisantes congelados de buena calidad
½ kg de boniatos
3 escalonias o chalotas (si no se encuentran, 1 cebolla)
Aceite de oliva virgen extra
Sal y pimienta negra recién molida

1. Poner agua con mucha sal en una cazuela grande y hervir los guisantes según las instrucciones. Tienen que quedar no muy hechos y con un color verde intenso. Sacarlos con una espumadera, pasarlos por agua fría y reservar.

2. En la misma agua de cocción, hervir los boniatos bien limpios con piel, hasta que estén tiernos (unos 15-20 minutos). Sacarlos, dejar que se enfríen un poco, y pelarlos.

3. Preparar un plato con papel de cocina. Picar la escalonia lo más fina que se pueda, y freírla a fuego suave con aceite abundante hasta que esté crujiente, con cuidado de que no se queme. Sacarla al plato con papel.

4. En otra sartén, saltear muy brevemente los guisantes y el boniato cortado en dados grandes con 4 cucharadas del aceite de la escalonia, lo justo para que todo se caliente. Salpimentar con generosidad y servir de inmediato en una fuente con la escalonia crujiente por encima.

🕱 NOTA DEL COCINERO Si tienes un momento flexitariano les puedes poner también un poco de jamón serrano picado pasado por la sartén.

🎛 MÚSICA PARA GUISAR Astrud, *Lo nuevo* (2010).

Una de las mejores cosas de Cataluña son las tiendas y puestos de legumbres cocidas. Creo sinceramente que los catalanes deberían reivindicar la venta a granel de *llegums cuits* recién hechas como un tesoro nacional. No sólo su calidad media es excelente, sino que te ahorran un par de horas de cocina al evitarte la larga cocción de este alimento.

Los cocederos permiten consumir legumbres en su punto como si fueran comida rápida, usándolas en ensaladas, salteados, sopas o guisos. Están a siglos-luz de las de bote en cuanto a sabor y textura, y son mucho más sanas al no tener ninguna clase de conservante o aditivo. Es como si las hicieras en casa, y encima son baratas. En la Comunidad Valenciana también hay tradición de este tipo de puestos, pero no acabo de entender por qué no se han extendido por todos los mercados de España.

Esta receta la hago con alubias compradas a granel en un cocedero, pero se puede preparar de igual modo cociendo las legumbres en casa o, si no hay más remedio, comprándolas de bote (en ese caso, escurrirlas siempre muy bien o incluso lavarlas). Es una forma ciertamente francesa, o incluso inglesa, de consumirlas, pero a la vez mediterránea al llevar ingredientes propios de esta dieta.

DIFICULTAD Para personas con muchos problemas.

INGREDIENTES

Para 4 personas
400 g de judías blancas cocidas
2 puerros grandes
1 cebolleta
1 limón

2 cucharadas de perejil picado
1 ½ cucharaditas de mostaza de Dijon
1 ½ cucharaditas de mostaza a la antigua (en grano)
2 cucharaditas de vinagre de manzana (en su defecto, blanco)
½ cucharadita de azúcar glas
Aceite de oliva, sal y pimienta negra

PREPARACIÓN

1. Picar la cebolleta y dejarla en remojo con el zumo del limón para que pierda fuerza.

2. Picar los puerros y rehogarlos a fuego medio en una sartén grande con 2 o 3 cucharadas de aceite y una pizca de sal. Cuando se empiecen a ablandar, bajar el fuego y dejarlos pochando durante unos 10 minutos más. Hay que moverlos de vez en cuando y no dejar que tomen color.

3. Poner en un bote con tapa las mostazas, el vinagre, el azúcar, 4 cucharadas de aceite, y una pizca de sal y pimienta. Tapar y agitar para que se mezcle.

4. Cuando los puerros estén hechos, añadir las judías, la cebolleta y el perejil, y dejarlos en el fuego lo justo para que se calienten. Retirarlo del fuego, aliñar con la vinagreta de mostazas, remover y servir templado.

NOTA DEL COCINERO Las judías con mostaza se pueden comer a temperatura ambiente al día siguiente sin problemas.

MÚSICA PARA GUISAR Leonard Cohen, *Songs of Leonard Cohen* (1968).

A veces es sorprendente lo que se puede hacer en la cocina con los materiales más humildes si se les sabe sacar partido. Esta tarta de cebolla debe de salir por un euro la ración, o menos, y para mí es tan deliciosa como tantos otros platos más lujosos.

¿El secreto? La caramelización de la cebolla, que consigue extraer todo el dulzor y el aroma tostado a la madre de todas las batallas de la cocina española, convirtiéndola en un producto absolutamente irresistible. Si a eso le sumamos una buena y mantequillosa masa brisa, ya tenemos una combinación perfecta para cualquier aperitivo, comida o merienda.

DIFICULTAD Media.

INGREDIENTES

Para 6 personas
Masa
Una placa de 250-300 g de masa brisa
   o
200 g de harina
100 g de mantequilla bien fría
1 yema de huevo
Una pizca de sal y agua fría

Relleno
3 cebollas grandes
50 g de mantequilla
100 ml de nata líquida no muy espesa (18 % M.G.)
2 huevos enteros y 1 yema
100 ml de aceite, sal y pimienta negra recién molida

1. Para la masa casera, arenar la mantequilla bien fría y cortada en cubitos con la harina y la sal en un bol (desmenuzarla con la punta de los dedos hasta que quede todo como arena gruesa).

2. Añadir la yema de huevo y un chorrito de agua fría, y ligar. Tiene que quedar un poco pringosa. Hacer una bola sin amasar demasiado, tapar con film y meter en la nevera durante una hora.

3. Estirar la masa con rodillo sobre una superficie enharinada. Forrar con ella un molde redondo de horno de unos 25 cm aproximadamente y meter media hora más en la nevera. Reservar la masa que sobre.

4. Poner en una cazuela a fuego suave el aceite, la mantequilla y la cebolla picada. Se debe hacer lentamente, removiendo de vez en cuando, hasta que coja un tono dorado, se deshaga y sepa dulce. Este proceso puede tardar media hora o más, dependiendo del tipo de cebolla. Paciencia. Precalentar el horno a 200 grados.

5. Triturar en la misma cazuela la cebolla y mezclarla con la nata, los huevos, la yema, pimenta negra molida abundante y sal. Rellenar el molde con la mezcla. Hornear 40 minutos.

NOTA DEL COCINERO Cuando uso este tipo de masa, normalmente la horneo antes de añadirle el relleno, para que no quede cruda y esté un poco crujiente. Pero esta tarta en concreto sale muy bien sin necesidad de hacerlo.

MÚSICA PARA GUISAR The Human League, *Dare* (1981).

Este plato me recuerda a una frase que siempre usaba el maître de un restaurante indio al que solía ir en Madrid, y que se convirtió en una especie de broma familiar al hablar de comida. Con un acento idéntico al de Peter Sellers en *El guateque*, este pomposo camarero explicaba sistemáticamente los platos con un mantra: «Nuestra cocina encierra muchas contradicciones». Pues bien, eso es justo lo que le pasa a la *salade cuite*.

Una «ensalada cocida» suena algo paradójica, al menos en España, donde «ensalada» suele ser sinónimo de mezcla de alimentos crudos. Por su nombre, la *salade cuite* remite directamente a Francia, y sin embargo es un plato típico de uno de sus antiguos protectorados, Marruecos. Para aumentar el despiste, lo más parecido que se me ocurre en la cocina española no viene del sur, sino del norte: es la piperrada vasca.

DIFICULTAD Para zombis.

INGREDIENTES

Para 4 personas
*6 pimientos de asar de diferentes colores (rojo, verde, amarillo
o naranja)*
*500 g de tomate pelado y despepitado (puede ser de lata, pero siempre
maduro)*
1 cucharadita de harissa (pasta picante mora)
3 dientes de ajo
Aceite de oliva
Sal

1. Precalentar el horno a 220 grados. Disponer los pimientos sobre una bandeja de horno, a poder ser sobre una superficie antiadherente. Asar unos 40 minutos, dándoles la vuelta cada 10 minutos. Ponerlos en un bol y dejarlos enfriar tapados con film, para que se pelen mejor.

2. Mientras, poner a dorar los ajos cortados en trozos grandes en una cazuela baja, con un buen chorro de aceite de oliva y a fuego suave. Sólo tienen que tomar un poco de color, no tostarse.

3. Pelar los pimientos y desechar el tronco y las pepitas. Hacer tiras de ellos con los dedos y añadirlos al aceite con ajo. Sumar también el tomate y la *harissa*, salar y tapar. Dejar que se haga a fuego suave durante aproximadamente una hora, hasta que los pimientos estén bien tiernos.

4. Servir con tostadas como aperitivo o como acompañamiento de carne o pescado.

NOTA DEL COCINERO Está mucho mejor después de un par de días en la nevera... aunque la potencia del picante va subiendo.

MÚSICA PARA GUISAR The Notwist, *Neon Golden* (2003).

7. TRÍO DE VERDURAS CON FETA Y LIMÓN

Las verduras congeladas pueden servir para ciertos platos pero no saben ni tienen la textura de las frescas. Éstas brillan especialmente en las preparaciones sencillas, esas que no llevan un litro de nata o dos de bechamel. En el invierno y el principio de la primavera podemos encontrar frescos tres de los vegetales más maravillosos que existen: las espinacas, las acelgas y las alcachofas.

Las claves de este plato son simples: cocer poco las verduras para preservar su verdor y sus propiedades, comprar feta griego de verdad (nada de guarrerías danesas o alemanas), tostar los piñones para que salga su aroma y madurar el ajo y la cebolleta en el aliño de limón. Siguiendo estas sencillas pautas, conseguiremos un plato sobresaliente y supersano.

💀 DIFICULTAD Para bobos.

INGREDIENTES

Para 4 personas
300 g de espinacas frescas
300 g de acelgas
800 g de alcachofas
150 g de queso feta griego
50 g de piñones
2 dientes de ajo
½ cebolleta
2 limones
8 cucharadas de aceite de oliva virgen extra
Sal y pimienta negra

1. Poner en un mortero los ajos partidos en dos, la cebolleta cortada en juliana, una pizca de sal y de pimienta negra. Machacarlo un poco para que se parta todo en trozos y suelte el jugo, pero sin reducirlo a pasta. Añadir el zumo de un limón y el aceite. Dejar madurar la vinagreta en un recipiente tapado como mínimo una hora (cuanto más tiempo pase, más sabor cogerá).

2. Preparar un bol con agua y el zumo del otro. Quitar las hojas exteriores de las alcachofas hasta que tengan un color amarillo, pelar la base y el tallo y cortar por último las puntas. Partirlas en 4 gajos, quitar con el cuchillo los pelitos interiores y echarlas inmediatamente en el agua con limón para que no se ennegrezcan.

3. Poner a hervir agua abundante con mucha sal en una cazuela grande. Cortar las pencas de las acelgas, quitarles los hilos exteriores y cocerlas unos 5 minutos, hasta que estén tiernas. Sacarlas y escurrirlas.

4. En la misma agua, cocer las hojas de las acelgas unos 3 minutos. Sacarlas, pasarlas por agua fría, escurrirlas y reservar sobre papel de cocina.

5. En la misma agua, cocer las espinacas un par de minutos. Pasarlas por agua fría para cortar la cocción, escurrirlas y reservar sobre papel de cocina.

6. En la misma agua, cocer las alcachofas unos 8 minutos, hasta que estén tiernas pero al dente. Pasarlas por agua fría para cortar la cocción, escurrirlas y reservar sobre papel de cocina.

7. Tostar los piñones en una sartén con un poco de aceite, hasta que estén dorados, con cuidado de que no se quemen.

8. Volver a escurrir las espinacas y las hojas de las acelgas aplastándolas un poco. Picarlas en grueso. Picar también las pencas. Repartir las verduras en una fuente de horno o que se pueda meter al microondas sin mezclarlas. Hasta aquí se puede hacer con antelación.

9. Calentar las verduras tapadas en el horno o en el microondas. Volver a mezclar bien el aliño, colarlo y verterlo sobre las verduras. Probar y corregir de sal y de pimienta.

10. Espolvorear el queso feta desmigándolo sobre la verdura. Hacer lo mismo con los piñones. Poner un chorrito mínimo de aceite extra sobre el feta, y servir con un limón cortado en cuartos por si alguien quiere ponerse más.

NOTA DEL COCINERO Esta misma receta se puede hacer con otras verduras y otros frutos secos como almendras o nueces.

MÚSICA PARA GUISAR Beach House, *Teen dream* (2010).

Siempre que me dispongo a hacer una receta con setas me enfrento a un debate interior: ¿se deben lavar o no? Toda la vida hemos oído y leído a los expertos de turno diciéndonos que las setas pierden aroma si entran en contacto con el agua, y que es mejor limpiarlas con un trapo húmedo o con un cepillito como los de dientes.

Sin embargo, hay otros *sabiólogos* de las setas que dicen lo contrario: cuando en el campo llueve fuerte, las setas no sacan el paraguas: se empapan de agua y no les pasa absolutamente nada.

Como en casi todo, supongo que lo razonable está en el justo medio, como diría Aristóteles. Es decir, pasarlas por agua si están sucias, pero no dejarlas en remojo para que se hinchen de líquido. Y si se van a saltear a fuego vivo, evitar que estén mojadas para que el aceite no chisporrotee y nos ponga la cocina hecha un cisco.

⊡ DIFICULTAD De preescolar de pasteles.

INGREDIENTES

Para 6-8 personas
½ kg de setas (variadas, o las que se quieran, incluso champiñones)
100 g de avellanas
2 cebollas
2 dientes de ajo
200 ml de nata
25 g de harina
3 huevos
2 cucharaditas de hierbas de Provenza
3 cucharadas de mantequilla

Sal y pimienta negra
Mayonesa con cebollino picado u otras hierbas (opcional)

1. Picar la cebolla. En una cazuela baja o sartén, rehogarla a fuego suave con los dientes de ajo unos 10 minutos.

2. Lavar las setas y picarlas en trozos pequeños, y añadirlas. Rehogar unos 15 minutos, hasta que hayan perdido su líquido. Dejar enfriar.

3. Precalentar el horno a 160 grados.

4. Picar las avellanas y mezclarlas con la nata, la harina, las hierbas, una pizca de pimienta negra y dos cucharaditas de sal. Mezclar con los huevos, añadiéndolos uno a uno. Sumar por último las setas, a las que habremos retirado los dientes de ajo.

5. Untar de mantequilla o aceite un molde alargado de unos 30 cm (o dos equivalentes), y cubrirlo con papel de horno. Verter la mezcla en él y meter al horno tapado con papel de plata unos 45 minutos. Destapar y dejar 15 minutos más. Para comprobar si está hecho, pinchar con un palillo largo o un cuchillo en el centro: si sale limpio, está. Cuando esté casi frío, desmoldar, y dejar tapado con el propio molde hasta que se enfríe del todo. Servir templado o a temperatura ambiente, acompañado, si se quiere, de mayonesa con hierbas.

NOTA DEL COCINERO Si se le quiere dar una vuelta, se puede añadir zanahoria rallada junto a las avellanas.

MÚSICA PARA GUISAR Aimee Mann, *BSO de Magnolia* (1999).

9. MUSAKA VEGETARIANA

La musaka es un plato griego delicioso, pero reconozcámoslo, a veces cae como una bomba. La mezcla de corderazo y berenjena frita tiene muchísimo sabor, pero puede dejarte fuera de combate durante varias horas.

Pensando en una versión que se pudiera cenar sin riesgo de pasar toda la noche con pesadillas, me inventé una fórmula que sustituye la carne por *mató* (un queso fresco catalán), con mitad de berenjena y de calabacín, y sin la capa final de bechamel. Vamos, que no sé si a este plato se le puede llamar musaka, pero en cualquier caso, sale buenísimo y algo más ligerillo que el original.

🎲 DIFICULTAD Como diría un griego, *típota*.

INGREDIENTES

Para 4 personas
1 berenjena
1 calabacín
1 cebolla
8 cucharadas de salsa de tomate
250 g de mató, *queso fresco o requesón*
50 g de queso parmesano
50 g de nueces
½ cucharadita de canela
1 cucharadita de orégano
Nuez moscada
Aceite de oliva virgen
Aceite de girasol
Sal y pimienta

1. Cortar la berenjena y el calabacín en rodajas de entre medio y un centímetro. Salarlas y dejarlas escurriendo una hora para que suelten agua de vegetación.

2. Mientras, poner a rehogar la cebolla en una sartén con un poco de aceite de oliva, y dejarla a fuego lento hasta que este bien blandita (entre 20 y 30 minutos).

3. Batir el queso fresco en un bol con el orégano, la canela, una pizca de nuez moscada rallada, sal, pimienta y un chorro de aceite de oliva, hasta que quede una crema más o menos homogénea.

4. Picar las nueces y añadirlas a la mezcla. Probar y corregir de sal. Reservar en la nevera.

5. Secar la berenjena y el calabacín con papel de cocina, y freírlos en abundante aceite de girasol. Escurrirlos del exceso de grasa en un plato con más papel de cocina, y salpimentarlos muy ligeramente.

6. En una fuente de horno, disponer una capa de berenjena, una de tomate frito, una de cebolla, la crema de queso, y finalmente, el calabacín. Espolvorear con el queso parmesano rallado. Justo antes de servirla, hornear con el grill hasta que la capa de parmesano se dore.

NOTA DEL COCINERO También está buenísima sin tomate y con un poco de miel sobre las verduras.

MÚSICA PARA GUISAR Vampire Weekend, *Vampire Weekend* (2008).

10. ALCACHOFAS RELLENAS DE ESPINACAS Y HUEVO

¿Cómo saber si una alcachofa es buena o no? La clave es que estén duras al tacto, que se noten llenitas y que los pétalos estén bien cerrados sobre sí mismos. Y si son de producción cercana a donde vivas, mejor que mejor.

Esta receta combina la verdura con una ensalada que recuerda un poco al tabulé, aunque no lleva cuscús ni bulgur (se puede probar a ver qué pasa añadiéndolo, pero entonces yo quizá quitaría el huevo). Las espinacas con hierbas son un contrapunto fresco a la alcachofa, aromatizada por el ajo introducido en su corazón. El efecto de este truco, aprendido en un libro del restaurante londinense Moro, me encanta, porque obtienes el sabor del ajo pero no te lo tienes que comer ni sufrir las posibles consecuencias estomacales.

DIFICULTAD Media-baja.

INGREDIENTES

Para 4 personas
8-12 alcachofas dependiendo del tamaño
100 g de hojas de espinacas frescas, sin tallos
2 huevos
8-12 dientes de ajo
1 cebolla roja
100 ml de brandy
4 cucharadas de piñones
3 cucharadas de perejil picado
2 cucharadas de cebollino picado
1 limón
Vinagre de Jerez

Aceite de oliva extra virgen
Pimienta negra
Sal

PREPARACIÓN

1. Picar la cebolla y dejarla en remojo con un chorrito de agua y el zumo de medio limón para que pierda fuerza.

2. Tostar un poco los piñones en una sartén a fuego suave. Cortar las espinacas en juliana fina. Mezclarlas en un bol con los piñones, la cebolla escurrida, el perejil y el cebollino. Aliñar con un par de cucharadas de vinagre y de aceite. Salpimentar y reservar.

3. Poner agua fría en un bol grande con el zumo y la cáscara de medio limón. Cortar el tallo de las alcachofas, eliminar las hojas exteriores hasta que la base se vea amarilla, cortar las puntas y desecharlas. Pelar un poco el contorno de la base, vaciar bien los pelos del interior haciendo hueco con una cucharilla y echar de inmediato en el agua para que no se ennegrezcan.

4. Cocer los huevos en agua con sal durante 10 minutos. Pasarlos por agua fría, pelarlos, picarlos y añadirlos a la mezcla de espinacas.

5. Escurrir las alcachofas y meterles en el corazón medio diente de ajo a cada una. Añadirlas a la cazuela poniéndolas boca abajo de forma que toquen el fondo de la cazuela (si no caben, hacerlo en dos tandas). Dejarlas así hasta que se doren.

6. Añadir el brandy y flambear. Añadir una pizca de sal y pimienta, y agua hasta cubrir un tercio de las alcachofas (1 cm más o menos). Cuan-

do rompa el hervor, tapar, bajar el fuego un poco y cocer hasta que estén tiernas (unos 15-20 minutos). Para comprobarlo, pincharlas con un cuchillo: si entra suave, es que están. Hasta aquí se puede hacer con antelación.

7. Sacar las alcachofas de la cazuela, sacarles el ajo y desecharlo. Regarlas ligeramente con una cuchara con su líquido de cocción. Salpimentarlas, rellenarlas y cubrirlas al máximo con la ensalada de espinacas, huevo y piñones. Servir templado.

NOTA DEL COCINERO La receta se puede desvegetarianizar sustituyendo el huevo por unas colas de gambas cocidas.

MÚSICA PARA GUISAR Prefab Sprout, *Steve McQueen* (1985).

11. ESPINACAS SALTEADAS CON SETAS Y MIGAS

Estas espinacas salteadas, acompañadas de cualquier restillo que quede por ahí, son un recurso habitual en casa cuando no tengo ninguna gana de cocinar. Algo que no suele ocurrir con frecuencia, pero que a veces sucede si he metido muchas horas frente a los fogones por alguna celebración o si simplemente estoy más vago que la chaqueta de un guardia.

Las migas de mostaza, crujientes, picantes y un punto ácidas, logran que el plato sea algo más que unas verduras salteadas *vulgaris* sin tener que hacer grandes esfuerzos. Si la receta os parece demasiado fina, la podéis guarrear con bacon o algún embutido salteado.

⊞ DIFICULTAD Para trolls.

INGREDIENTES

Para 4 personas
800 g de espinacas frescas
200 g de setas frescas (champis, ostras o rebozuelos)
2 dientes de ajo
1 guindilla
½ limón
1 cucharada de mantequilla
1 cucharada de mostaza de Dijon
2-3 rebanadas de pan de hogaza (en su defecto, integral de molde)
Aceite de oliva
Sal y pimienta negra

1. Quitar la corteza al pan y triturar las migas en un robot de cocina (también se puede hacer con cuchillo, picándolas finas).

2. Poner a calentar en una sartén pequeña a fuego medio la mantequilla. Cuando se derrita, añadir la guindilla y rehogar un par de minutos. Sumar la mostaza y mezclar. Incorporar las migas y rehogarlas hasta que estén doradas y crujientes. Sacarlas a un plato con papel de cocina y reservar, desechando la guindilla.

3. Pelar y picar los ajos. Lavar y cortar en láminas las setas.

4. Calentar a fuego vivo un wok o sartén grande. Añadir un chorro de aceite e inmediatamente después el ajo, sin parar de remover. Al minuto, cuando el ajo esté dorado, sumar las setas, remover y saltear.

5. Una vez que las setas hayan perdido el agua y estén doradas, añadir las espinacas, remover y tapar. Al minuto, volver a remover, y así sucesivamente hasta que estén blandas y pierdan volumen.

6. Retirar del fuego, añadir un chorrito de zumo de limón, salpimentar y remover. Servir con las migas por encima.

🎃 **NOTA DEL COCINERO** Las migas valen para cualquier verdura rehogada y salteada.

🎛 **MÚSICA PARA GUISAR** The Pixies, *Doolittle* (1989).

12. CHUTNEY DE PERAS, KIWIS Y TOMATES

María Antonia, la madre de mi amiga del alma Inés Casals, es una auténtica experta en chutneys. Después de probar uno que me mandó, que estaba atómico —de los mejores que he probado en mi vida—, le pedí que me pasara la receta. Lo que recibí de ella fueron un montón de hojas con notas tan caóticas como divertidas, con decenas de posibilidades para preparar esta conserva agridulce. La lista de frutas, verduras, especias y vinagres citados era tan profusa que pensé que era un milagro que no hubiera hecho chutney de su propia hija.

Junto al de higos, el chutney de peras, kiwis y tomates es uno de los *greatest hits* de María Antonia. Aunque ella insiste en que hay que dejarse llevar por la intuición y hacerlos con los ingredientes que estén en temporada, que te gusten o que tengas a mano.

💀 DIFICULTAD Fácil.

INGREDIENTES

Para 1 ½ kg
500 g de peras
500 g de kiwis
250 g de tomate de pera
½ kg de cebollas
1 rama de apio
500 ml de vinagre de manzana
1 cucharadita de mostaza en grano
1 cucharadita de semillas de lino
½ kg de azúcar moreno
½ cucharadita de pimentón dulce y sal

1. Pelar las cebollas y trocearlas. Pelar las peras y quitarles el corazón. Pelar los kiwis. Pelar los tomates. Desechar las hojas más verdes del apio y picarlo.

2. Juntar todos los ingredientes en una cazuela y llevar a ebullición. Bajar el fuego y cocer suave durante hora y media.

3. Envasar en frascos limpios, esterilizarlos en agua hirviendo y consumirlos mes y medio más tarde.

NOTA DEL COCINERO María Antonia explica que este chutney se puede hacer con membrillo o manzana o con ambos ingredientes acompañando a la pera, ajustando los tiempos de cocción.

MÚSICA PARA GUISAR Destroyer, *Kaputt* (2011).

expoliando
a la
familia

1. MAGDALENAS MEDITERRÁNEAS SALADAS

Al contrario que la mayoría de las magdalenas del Universo, las de esta receta no son dulces. Y además son mediterráneas, porque llevan aceite de oliva en vez de mantequilla y porque sus tropezones son dos clásicos de la alimentación de esta región: tomates secos y aceitunas negras.

Las magdalenas mediterráneas, en la versión de mi cuñada la insigne cocinera y quesera May Beaskoetxea, pueden servir tanto de aperitivo como de merienda. Si os salen un poco secas —como me pasó a mí la primera vez que las hice—, no entréis en pánico ni las tiréis. Usad la técnica *Transformers*: quitadles el papel, cortadlas por la mitad, untadlas de mayonesa o aceite y metedles una loncha de algo bien jugoso, como tomate o remolacha. Se convertirán en unos deliciosos minibocatas.

⚙ DIFICULTAD Para estudiantes de 1.º de magdalenas.

INGREDIENTES

Para unas 12 magdalenas
350 g de harina
125 ml de aceite de oliva
3 huevos
250 ml de leche
100 g de queso parmesano rallado
100 g de tomates secos en aceite picados
75 g de aceitunas negras sin hueso picadas
1 cucharada de levadura Royal
2 cucharadas de albahaca seca picada
½ cucharada de sal

1. Juntar en un bol la harina, la levadura, la albahaca, el parmesano y la sal. Mezclar por otro lado el huevo batido, el aceite y la leche. Añadirlo a la harina y mezclar hasta que quede una masa homogénea. Sumar los tomates y las aceitunas. Dejar reposar la masa como mínimo una hora.

2. Precalentar el horno a 170 grados.

3. Volver a batir la masa. Distribuirla en moldes de papel para magdalenas, llenando dos terceras partes. Meter en el horno y bajar la temperatura a 150 grados. Cocer unos 15 minutos, dependiendo del horno y del tamaño de los moldes.

NOTA DEL COCINERO Si quieres que se les forme una pequeña costra, puedes espolvorearles queso parmesano por encima antes de hornear.

MÚSICA PARA GUISAR Blondie, *Parallel lines* (1978).

2. CREMA PARA UNTAR DE QUESO CON BERBERECHOS

¿Queso con berberechos? Puede parecer una auténtica guarrindongada de las del programa de David de Jorge en ETB, *Robin Food*. Sin embargo, la he visto triunfar en todas las cenas en que se ha preparado. Este aperitivo no sólo es fácil de hacer, ultrarrápido y distinto, sino que gusta a casi todo el mundo, aunque a priori les dé reparo la mezcla de ingredientes.

La crema de berberechos, clásico de los aperitivos de mi amiga Clara Lapetra, se toma como *dip* —odio esta palabra—, es decir, untado con palitos de pan, con bastones de zanahoria o, para mí la mejor combinación, con patatas fritas. Se le pueden añadir otros ingredientes (mostaza, limón, hierbas, etc.), pero ella asegura que la mejor versión con diferencia es la más simple. Y no seré yo quien me atreva a contradecirla.

🎲 DIFICULTAD Para personas que no han pisado una cocina en su vida.

INGREDIENTES

Aperitivo para 4-6 personas
250 g de queso para untar tipo Philadelphia
100 g de berberechos de lata
1 zanahoria grande
1 bolsa de patatas fritas

1. Batir el queso con un tenedor en un bol añadiendo muy poco a poco líquido de los berberechos hasta conseguir una crema homogénea y espesa. Desechar el resto del líquido.

2. Añadir los berberechos escurridos a la crema y volver a batir. Dejar reposar un mínimo de media hora en la nevera.

3. Servir con patatas fritas y la zanahoria pelada y cortada en palitos para untar.

NOTA DEL COCINERO Los chefs más aventureros pueden experimentar con mejillones pequeños o poniendo aguacate en la crema.

MÚSICA PARA GUISAR La Costa Brava, *Llamadas perdidas* (2004).

3. UDON CON TERNERA Y BERENJENAS AL VAPOR

Los udon son uno de los *greatest hits* de mi amiga Mònica Escudero, directora de las revistas *Barcelonés* y *Madriz*. Acompañados de berenjenas y carne resultan perfectos para cuando te entra el monazo de comida oriental casera. El vegetal cocido al vapor y guisado después con salsa de soja, vinagre de arroz y otros condimentos, sumados a la ternera marinada y salteada, forman un equipo fastuoso para esta clase de pasta.

Para quien no lo sepa, los udon son unos fideos gruesos típicos de Japón. Normalmente se toman en sopa, pero también funcionan sin problemas en platos como éste. Por suerte cada vez es más fácil encontrarlos frescos en España, en paquetes que a veces llevan unos sobrecitos de condimentos para prepararlos. «Suele haber uno con vegetales deshidratados y especias que podemos utilizar perfectamente», advierte Mònica. «Pero hay que fijarse bien y no poner el que sabe a gambuzas de mentira, porque entonces ya podemos decirle adiós con la manita a la deliciosa receta», añade.

Mònica recomienda invertir en una vaporera para que la preparación de ésta y otras recetas resulte más sencilla (si no tienes, no pasa nada: las berenjenas se pueden cocer al vapor sobre una rejilla o escurridor en cualquier cazuela).

DIFICULTAD Para periodistas.

INGREDIENTES

Para 4 personas
4 paquetes de udon de unos 200 g
2 berenjenas medianas
500 g de carne de ternera muy tierna en una pieza (cap de mort o babilla)

4 cebolletas
3 cucharadas de salsa de soja
4 cucharadas de salsa de chili dulce
3 cucharadas de salsa china para costillas
½ cucharadita de jengibre en polvo
2 cucharadas de azúcar moreno
4 cucharadas de vinagre de arroz
Aceite de sésamo y aceite de girasol

PREPARACIÓN

1. Cortar la carne en dos o tres partes dependiendo del tamaño. Hay que intentar que queden tiras largas y más o menos cuadradas. Marinar con la salsa china para costillas —si parece muy fuerte, rebajarla con un poco de vinagre de arroz— y reservar unas horas o de un día para otro en la nevera.

2. Lavar y cortar las berenjenas con piel y todo en bastoncitos de aproximadamente un dedo de grosor. Cocer al vapor unos 10 minutos.

3. Poner a fuego medio en una sartén o wok la salsa de chili dulce, el vinagre de arroz, la salsa de soja, el azúcar moreno y el jengibre en polvo. Cuando hierva añadir las berenjenas y dejar unos 10 minutos, hasta que hayan absorbido parte de la salsa y el resto esté ligadito. Sacar de la sartén y reservar.

4. Saltear a fuego fuerte en una sartén aparte las piezas de ternera, menos de un minuto por cada cara dependiendo del grosor —debe quedar como un tataki, dorado por fuera y casi crudo por dentro—. Dejar enfriar y cortar fino en filetes de medio centímetro de grosor aproximadamente.

5. Picar la parte del bulbo de la cebolleta y, por separado, cortar el tallo en rodajas finas. En la misma sartén grande o wok de las berenjenas, pochar la parte del bulbo con un chorrito de aceite de girasol a fuego suave. Añadir los udon y unos 150 ml (medio vaso aproximadamente) de agua o caldo de verduras para que se separen. Añadir el tallo de las cebolletas.

6. Servir los udon en un bol, con las berenjenas encima, la carne alrededor y un chorrito discreto de aceite de sésamo.

NOTA DEL COCINERO Estos udon admiten una versión vegetariana con tofu ahumado, setas o huevo en lugar de carne. Y se recomienda tomarlos con cerveza Tsingtao para gozar de una experiencia completa.

MÚSICA PARA GUISAR Pulp, *Different class* (1995).

Entre todas las recetas que aprendí de mi madre, los filetes de huerta son una de mis favoritas. Cuando era crío/adolescente, es decir, cuando era medio tonto, mi tolerancia a las verduras no pasaba de los purés y las vainas (judías verdes), siempre que fueran acompañadas de medio kilo de mayonesa. Los filetes de huerta me iniciaron en el mundo de la acelga: me gustaban no sé muy bien si por su nombre o porque al ir rebozados y fritos recordaban a la carne.

Ésta es una variante algo más compleja de lo que hacía mi madre, puesto que las pencas de la acelga van rellenas con queso y jamón. Pero si no te quieres complicar la vida o eres vegetariano, se puede prescindir de ambos ingredientes.

DIFICULTAD Media: la fritura requiere cierta habilidad.

INGREDIENTES

Para 4 personas
Filetes
24 pencas de acelga (entre 750 g y 1 kg)
6 lonchas de jamón serrano
6 lonchas de queso curado
1 huevo
Harina
Sal y pimienta

Salsa
1 cebolla
2 zanahorias

2 dientes de ajo
150 ml de vino blanco
1 manojo de perejil
Una pizca de tomillo seco
1 cucharadita de harina
Aceite de oliva
Sal

PREPARACIÓN

1. Poner agua a hervir con un poco de sal en una cazuela grande. Separar las pencas (tallos) de la parte verde de las acelgas. Eliminar los hilos exteriores de las pencas cortando un poquito del extremo y tirando para que se separen (así no se ponen grises después de cocidas). Hervirlas durante unos 10 minutos.

2. Añadir las hojas y hervir un par de minutos más. Sacar las acelgas reservando el caldo de cocción, y pasar por agua fría. Separar las pencas y reservar la parte verde para otras preparaciones.

3. Poner a rehogar la cebolla y la zanahoria picadas en una sartén con un chorro de aceite de oliva, a fuego medio. A los 10 minutos, añadir los dientes de ajo pelados. Rehogar 10 minutos más, y añadir la cucharadita de harina. Remover y dejar un par de minutos.

4. Mojar con el vino y dejar que evapore un poco. Añadir tres cazos del agua de cocción de las acelgas y la pizca de tomillo y dejar que cueza a fuego suave unos 20 minutos. Si se va quedando muy seco, añadir más agua de cocción. Triturar con el pasapurés, añadir el perejil picado, corregir de sal y reservar.

5. Formar una especie de bocadillos con cada dos pencas, con trozos de jamón y de queso en el interior. Si las pencas son muy largas, se pueden cortar por la mitad para manipularlas mejor.

6. Poner un plato con harina, otro con el huevo batido y otro con papel de cocina. Calentar aceite abundante en una sartén o cazuela baja, e ir pasando los filetes de huerta por la harina y el huevo y friéndolos, con cuidado de que no se desmonten. Salpimentar y dejar que escurran el exceso de grasa en el plato con papel.

7. Si se van a servir inmediatamente, colocar los filetes en una fuente o en los platos con un poco de salsa por encima. Si se hacen con antelación, lo mejor es ponerlos en una cazuela cubiertos con la totalidad de la salsa, para poder recalentarlos sin problemas.

NOTA DEL COCINERO La parte verde de las acelgas se puede tomar rehogada con aceite y ajo, o también en adobillo (véase página 201).

MÚSICA PARA GUISAR The Magnetic Fields, *69 love songs* (1999).

5. HUEVOS ENCAPOTADOS

Los huevos encapotados son el típico plato que horrorizaría a los dietistas talibanes, esas personas tan pelmas que han convertido la lucha contra la grasa en una cruzada y están todo el día dando la tabarra con lo que hay que comer y lo que no. Además de su ingrediente principal, denunciado hasta la saciedad por su alto contenido en colesterol, estos huevos llevan bechamel, una salsa que para los integristas de lo sano es como el ajo para los vampiros. Y para colmo, van fritos por partida doble.

Teniendo en cuenta el excelente estado de salud de la persona que me ha enseñado a hacerlo —la abuela de mi amigo Nico, Mari, de ochenta y tantos años— me atrevo a dudar de que este plato resulte insano, siempre que se tome con la moderación que dicta el sentido común. Y es que la deliciosa mezcla de la yema líquida con la bechamel, el acompañamiento de jamón o gambas y el rebozado produce tanto placer y te pone de tan buen humor que no puede ser mala para el cuerpo.

🂠 **DIFICULTAD** Se requiere cierta habilidad.

INGREDIENTES

Para 4 personas, como plato principal
9 huevos
8 obleas (en su defecto, pasta brick)
50 g de gambas peladas
50 g de jamón serrano
600 ml de leche entera
50 g de harina
50 g de mantequilla

Nuez moscada
Pan rallado
Aceite de oliva
Pimienta negra
Sal

1. Derretir la mantequilla en una cazuela a fuego suave. Añadir la harina, remover y dejar cociendo a fuego mínimo unos 10 minutos. Poner a calentar la leche en otra cazuela. Cuando hierva, retirar del fuego e ir añadiéndola a la mantequilla con harina, removiendo con una cuchara de madera para evitar que se formen grumos. La bechamel tiene que quedar cremosa y espesa, pero no muy compacta. Añadir una pizca de nuez moscada, salar y reservar filmada.

2. Saltear las gambas con una gota de aceite, lo justo para que se hagan. Picar el jamón. Freír 8 huevos en aceite de oliva abundante.

3. Extender un par de cucharadas aproximadamente de bechamel en cada oblea. Recortar las puntillas (extremos de las claras) de los huevos y ponerlos sobre la bechamel. Colocar sobre las claras gambas (en cuatro) y jamón (en otras cuatro). Salpimentar.

4. Doblar las obleas, que se habrán reblandecido con la humedad de la bechamel, formando un paquetito que recubra el huevo, con cuidado de no romper la yema. No pasa nada si se rompen un poco. Hasta este paso, se pueden hacer con antelación, incluso de víspera.

5. Disponer un plato llano con papel de cocina, uno hondo con pan rallado y otro con el huevo restante batido. Calentar aceite abundante

en una sartén. Pasar los huevos encapotados primero por el huevo batido, y luego por el pan rallado, y freírlos en el aceite bien caliente y dejar que pierdan el exceso de grasa sobre el papel de cocina.

6. Servir calientes acompañados de patatas fritas o ensalada.

NOTA DEL COCINERO Si se quiere vegetarianizar el plato se pueden sustituir el jamón y las gambas por cebolla frita y espinacas cocidas.

MÚSICA PARA GUISAR The Jayhawks, *Tomorrow the green grass* (1995).

6. ALCACHOFAS DE LA «NONNA» SARA

No hay nada que me ponga más que descubrir recetas de abuelas. Y si son abuelas italianas, ni te cuento. Así que cuando mi amiga Arianna Rinaldo, directora de la revista de fotografía *Ojo de Pez*, se prestó a prepararme unas alcachofas tal y como las hizo durante décadas su *nonna* Sara, me hizo feliz como una perdiz.

La receta posee la sencillez y la humildad que hacen grande la comida casera. Una combinación inteligente de unos pocos ingredientes baratos, ejecutados con buena mano, logra crear un plato exquisito del que difícilmente te puedes cansar. Al menos yo no podría hartarme de algo que lleva alcachofas, ajo y parmesano, tres alimentos por los que «ma-to».

Hay una cosa que me gusta de esta receta, y es cómo pasa olímpicamente de la actual dictadura de las cocciones cortas en las verduras. Yo soy el primero que me he acostumbrado a comerlas siempre al dente, porque asumo que así conservan mejor las propiedades nutritivas y el color. Pero de vez en cuando es un gustazo tomarte un guisote en el que la verdura está como mantequilla, como es el caso.

☠ DIFICULTAD Para señoras de 100 años.

INGREDIENTES

Para 4 personas
6-12 alcachofas dependiendo del tamaño
2 dientes de ajo
100 g de parmesano, aproximadamente
50 g de pan rallado, aproximadamente
500 ml de caldo de verduras
200 ml de vino blanco

2 cucharadas de perejil picado
Mantequilla muy fría
Aceite de oliva extra virgen y sal

PREPARACIÓN

1. Rallar el parmesano.

2. Calentar un poco de aceite en una sartén ligeramente alta o en una cazuela baja a fuego medio. Dorar en él los dientes de ajo con cuidado de que no se quemen.

3. Mientras, pelar y cortar los tallos de las alcachofas en trozos de unos 3 cm aproximadamente, e ir echándolos a la sartén. Eliminar las hojas exteriores, cortar las alcachofas longitudinalmente en cuatro trozos e ir añadiéndolos, dejando el corazón hacia arriba.

4. Poner una lámina fina de mantequilla sobre cada trozo. Cubrir generosamente las alcachofas con pan rallado y parmesano, y terminar con un chorrito de aceite y el vino blanco. Ahogar con medio litro de caldo, tapar y bajar el fuego al mínimo.

5. Cocer durante un par de horas, añadiendo de vez en cuando un poco más de caldo si se queda seco. Espolvorear el perejil picado un par de minutos antes de acabar. Se pueden hacer con antelación y recalentar. Las hojas exteriores pueden quedar duras... pero lo suyo es chupar la base.

NOTA DEL COCINERO Sólo hay una cosa mejor que estas alcachofas: estas alcachofas al día siguiente.

MÚSICA PARA GUISAR Bob Dylan, *Blonde on blonde* (1967).

7. MARMITAKO DE MI MADRE

Aunque no lo parezca, el marmitako es un plato de verano. Del verano vasco, claro, que es un poco más fresquito que el de otras partes de España. Es en esta época cuando el bonito está en temporada, y cuando originalmente los pescadores preparaban este sensacional guiso en sus barcos.

Si hace mucho calor, este clásico de la cocina vasca y cántabra se puede comer muy bien templado: al no tener carne ni grasas, no resulta pesado ni da sofoquina. La preparación del marmitako es muy sencilla, y lo único que hay que hacer para que salga bien es seguir algunas reglas básicas. Se trata de conseguir que la patata suelte su almidón para que el caldo espese un poco y, sobre todo, que el atún no se haga demasiado.

Hay mil versiones distintas del marmitako. La que propongo yo aquí es la que ha hecho mi madre toda la vida en casa, es decir, la mejor del mundo.

⊠ DIFICULTAD Para catetos.

INGREDIENTES

Para 4 personas
½ kg de bonito limpio de piel y espinas
½ kg de patatas
2 zanahorias
1 pimiento verde
1 pimiento choricero (o una cucharadita de su carne en conserva)
2 cebollas medianas
1 diente de ajo

2 cucharadas de salsa de tomate
1 litro de caldo de pescado
1 vasito de txakolí o vino blanco
2 ramitas de perejil
Sal y pimienta negra

PREPARACIÓN

1. Romper un poco el pimiento choricero, darle un hervor con agua y dejarlo en el líquido.

2. Picar la cebolla y dorarla con aceite de oliva a fuego medio en una olla grande. Cuando esté transparente, añadir la zanahoria pelada y cortada en rodajas de medio centímetro de grosor aproximadamente. Añadir después el pimiento verde cortado en juliana gruesa y el ajo picado fino.

3. Salpimentar levemente y dorar todo unos minutos vigilando que no se queme. Añadir la salsa de tomate, y después, el vino blanco y dejar que se evapore el alcohol.

4. Sacar la carne del pimiento choricero raspando su interior con un cuchillo que no corte. Picar y añadir al sofrito.

5. Pelar las patatas y partirlas en trozos medianos (como de bocado) con un tenedor, hincándolo y partiendo pedazos (esto hará que se deshaga un poquito en la cocción y el caldo espese). Añadirlas al sofrito y remover.

6. Inmediatamente, mojar con el caldo de pescado, añadir el perejil y dejar cociendo a fuego lento una media hora, removiendo de vez en cuando. Sacar el perejil y desechar cuando la patata esté hecha.

7. Si el caldo ha quedado demasiado líquido, aplastar una o dos patatas con el tenedor y disolverlas. Si está muy espeso, añadir algo más de caldo de pescado o de agua. Corregir de sal y pimienta.

8. Retirar del fuego, añadir el bonito cortado en tacos y tapar para que se haga con el calor del guiso. En unos minutos, estará listo.

NOTA DEL COCINERO El marmitako se puede tomar recalentado, pero hay que tener cuidado de que no hierva ni alcance mucha temperatura para que el pescado no se pase de cocción y quede seco.

MÚSICA PARA GUISAR Animal Collective, *Merriweather Post Pavillion* (2009).

8. POLLO AL CURRY ROJO CON UVAS Y PIÑA

En *El Comidista* doy paso a platos ajenos de vez en cuando, prestados por amiguetes, conocidos, ligues, primos, cuñados o cualquier persona dispuesta a sobornarme con sus favores a cambio de aparecer en el blog. El primer invitado de la serie fue un curry rojo de pollo con piña y uvas cuyo *copyright* pertenece a Daniel Jiménez, ilustrador de este libro.

Los dibujos de Dani me gustan por su fino sentido del humor, por lo bien que retrata los gestos, por los colores que usa y por ese sutil aire retro que me lleva a los tebeos de Bruguera con los que pasé mi infancia. Además de hacer ilustraciones gastronómicas o de otros temas, cocina como un artista, y uno de sus platos con más éxito de crítica y público es este delicioso curry tailandés.

La única traba que podéis encontrar para prepararlo es conseguir los ingredientes, pero tanto la pasta de curry como la salsa de pescado, el azúcar de palma o las hojas de lima kafir congeladas se pueden encontrar en tiendas de comida oriental.

⚅ DIFICULTAD Para ilustradores.

INGREDIENTES

Para 4 personas
1 pollo troceado
½ piña
250 g de uva negra
2 limones
½ litro de leche de coco
1 manojo de albahaca fresca
8 hojas de lima kafir

2 cucharadas de pasta de curry rojo tailandés
1 cucharada de azúcar de palma (en su defecto, azúcar moreno)
2 cucharadas de salsa tailandesa de pescado
Aceite de girasol, sal y pimienta negra
Arroz blanco para acompañar

PREPARACIÓN

1. Precalentar el horno a 180 grados. Poner el pollo salpimentado en una bandeja y untarlo con un poco de aceite. Rociarlo con el zumo de los limones. Asar unos 40 minutos hasta que el pollo esté tierno.

2. Mientras, partir las uvas por la mitad y despepitarlas. Pelar y cortar la piña en dados desechando el corazón duro. Deshuesar y quitar la piel del pollo para obtener la carne limpia.

3. Poner dos cucharadas de pasta de curry rojo en una cazuela grande a fuego suave con una cucharada de leche de coco. Rehogar un minuto, añadir el pollo y dejar otros cinco minutos. Añadir el resto de la leche de coco, la piña y la uva. Cocer unos 10-15 minutos más.

4. Añadir la salsa de pescado y el azúcar y dejar un par de minutos. Retirar del fuego y añadir la lima kafir picada y las hojas de albahaca enteras. Tapar y dejar reposar como mínimo 15 minutos. Servir caliente acompañado de arroz blanco.

NOTA DEL COCINERO De entre las leches de coco que se suelen encontrar en España, la mejor con diferencia es la Aroy. Mejor evitar los «jugos de coco» para estas recetas porque la salsa saldrá aguachada.

MÚSICA PARA GUISAR The Postal Service, *Give up* (2003).

La fórmula original del conejo proviene de Mariangela, ilustre progenitora de mi amiga la montadora y guionista Aurora Sulli. La receta fue creada con el objetivo de que el padre de Aurora, un tanto reticente a comerse este animal, lo acabara consumiendo. Y la treta no fue otra que aplicarle la mediterránea y siempre triunfante combinación de aceituna negra y pimiento rojo.

Si a ella le sumamos el regusto dulce de la zanahoria y el tomate, más la acidez de las alcaparras, ya tenemos una salsa perfecta para acompañar tanto a los primos de Bugs Bunny como al pollo. Tras ser sometidas al castigo de una cocción lenta y larga, las carnes de estos bichos quedan decadentemente tiernas, empapadas de los jugos de las verduras y las olivas.

DIFICULTAD **Para debutantes.**

INGREDIENTES

Para 4 personas
1 conejo troceado para guisar
2 pimientos rojos
2 zanahorias
2 cebollas medianas
2 tomates maduros (si no lo están, usar de lata)
20 aceitunas manzanilla moradas (o de Kalamata)
1 cucharada de alcaparras
¼ cucharadita de pimienta cayena
Aceite de oliva y sal

1. Cortar la cebolla en rodajas finas, y la zanahoria y el pimiento, en juliana.

2. Rehogar la cebolla y la zanahoria a fuego suave en una cazuela grande con 3 cucharadas de aceite y la cayena.

3. Deshuesar las aceitunas y añadirlas al sofrito junto al pimiento y las alcaparras. Dejar que cueza unos 10 minutos.

4. Incorporar el conejo y el tomate cortado en trozos grandes. Salar y tapar. Cocer tapado una media hora a fuego lento, hasta que la carne esté tierna y se separe bien del hueso. Corregir de sal. Como todos los guisos, está mejor si se deja reposar unas horas, o incluso de un día para otro. Aurora recomienda acompañarlo de arroz basmati, integral o cuscús.

NOTA DEL COCINERO Recomiendo cierto exceso en las cantidades que se preparen del plato. Con las sobras se puede hacer un arroz que está igual de bueno que el guiso original.

MÚSICA PARA GUISAR Bombay Bicycle Club, *Flaws* (2010).

Las carrilleras son la prueba palpable de que un despojo de carne barato puede estar tan bueno como el mejor solomillo. Bien cocinados, los mofletones de la ternera son extremadamente tiernos, y generan unas salsas fantásticas por su alto contenido en gelatina.

Esta receta, gentileza de Toni Quiñones, amiga, ex compañera de la escuela Hofmann y chef del Pera Batlla en Ventalló (Girona), es de las mejores que he probado. Toni me advirtió de un punto importante: las carrilleras deben ser de ternera en edad de merecer. Si son de vaca talludita, por mucho que las cuezas se quedan como piedras.

La única variación que me permito respecto a su fórmula es ponerle un poco de manzana reineta al puré, porque creo que un ligero contraste dulce le va bien al plato. Pero están igual de requetebuenas con la patata a secas.

🔲 **DIFICULTAD** Media: son un poco cansinas. Por eso vale la pena hacer unas cuantas y congelar las que sobren.

INGREDIENTES

Para 8 personas
8 carrilleras de ternera de buena calidad, limpias de grasa, nervios y membranas
2 cebollas
300 g de zanahoria
½ cabeza de ajos
150 ml de brandy
1 atadillo de romero, tomillo, salvia y perejil
Aceite de oliva, sal y pimienta

Fondo moreno de ternera (se pueden hacer con agua,
pero queda más sabroso así)
1 kg de retales y huesos de ternera
1 cebolla
2 zanahorias
½ puerro
1 ramita de apio
2 dientes de ajo
100 ml de vino tinto
1 cucharadita de tomate concentrado (en su defecto, 1 cucharada
*   de tomate frito)*
1 hoja de laurel
1 rama de romero
1 rama de tomillo
Pimienta negra en grano y aceite de oliva

Puré de patata y manzana
½ kg de patatas
2 manzanas reinetas grandes
50 g de mantequilla
250 ml de leche entera
Sal y pimienta negra

PREPARACIÓN

1. Si se va a hacer el fondo, dorar los retales y huesos en una cazuela grande con un poco de aceite. No menearlos mucho: se tienen que marcar bien. Una vez dorados, decantar.

2. En el mismo aceite, rehogar a fuego suave la cebolla y la zanahoria cortada en trozos de 1 cm aproximadamente durante unos 10 minutos,

removiendo de vez en cuando. Añadir el puerro y el apio cortado en trozos grandes y rehogar 5 minutos más. Hacer lo mismo con el ajo y el tomate.

3. Mojar con el vino y dejar que el alcohol evapore un par de minutos. Sumar la carne, las hierbas y la pimienta, y cubrir con agua abundante (unos dos litros) y subir el fuego. Cuando hierva, quitar la espuma que se forma en la superficie con una espátula y bajar el fuego. Dejar que cueza suave durante 4 horas.

4. Colar, dejar reposar y quitar la grasa que esté flotando en el caldo con una cuchara grande.

5. Para el puré, cocer las patatas peladas en agua hirviendo con sal. A los 15 minutos, añadir las manzanas peladas, cortadas en cuartos y sin el corazón. Dejar que se hagan 10-15 minutos más hasta que las patatas estén tiernas.

6. Escurrir dejando un poquito del líquido de cocción (2 o 3 cucharadas). Añadir la mantequilla y triturarlo todo. Ir sumando por último la leche bien caliente, hasta que el puré tenga una textura homogénea y cremosa. Salpimentar.

7. Para las carrilleras, picar primero la cebolla y la zanahoria también en trozos de 1 cm aproximadamente (si no se ha hecho el fondo, se pueden aumentar las cantidades de verdura para que la salsa tenga más sabor, y añadir puerro, apio o tomate).

8. Salpimentar las carrilleras y dorarlas a fuego vivo con un poco de aceite en una cazuela grande que se pueda meter al horno, hasta que estén bien selladas por todos los lados. Sacarlas y rehogar en el mismo aceite la cebolla y la zanahoria unos 15 minutos a fuego más suave.

9. Mojar con el brandy, remover y dejar evaporar un par de minutos. Añadir los dientes de ajo con piel aplastados con el canto de un cuchillo y el atadillo de hierbas (se puede hacer con una cuerdita fina o un hilo, atando las ramas). Rehogar un par de minutos y añadir las carrilleras y el fondo suficiente para cubrirlas (un litro o más). Ponerle una pizca (¡no mucho!) de sal y subir el fuego.

10. Precalentar el horno a 160 grados.

11. Cuando las carrilleras estén hirviendo, meterlas al horno tapadas de dos y media a tres horas. Para saber si están hechas, lo mejor es tocarlas con los dedos: si están blanditas y no gomosas, y se deshacen, es que están.

12. Sacar las carrilleras con cuidado del caldo y reservar. Colar el caldo, desengrasarlo con una cuchara (la grasa se va a la superficie) y separarlo en dos partes. Una se vuelve a juntar con las carrilleras, y servirá para recalentarlas si es necesario. La otra se pone en una cazuela baja al fuego para que reduzca. Cuando tenga consistencia de salsa no muy líquida, que tarde un poco en desprenderse de la cuchara, parar la reducción. Corregir de sal.

13. Servir las carrilleras sobre un fondo de puré bien cubiertas de salsa por encima.

NOTA DEL COCINERO El mismo procedimiento se puede utilizar para cualquier otra pieza de ternera dura, como el morcillo.

MÚSICA PARA GUISAR Kylie Minogue, *Fever* (2001).

11. ROSQUILLAS DE JULI

Juli es Julia González, la persona que cuidó de mí y de mis hermanos durante más de cuarenta años en casa de mis padres. Además de mi segunda madre, y uno de los seres humanos de mayor calidad que conozco, ella es una cocinera todo terreno. En su testaruda manera de enfrentarse a los fogones no hay medidas, sino la pura intuición de quien lleva una eternidad guisando. Eso hace que sus platos sean un tanto imprevisibles y siempre den pie a eternas discusiones familiares sobre si están mejor o peor que la vez anterior que los hizo.

Si hay una comida por la que Juli será recordada por siempre en mi familia son las rosquillas. Para horror de mi madre, las producía semanalmente en cantidades industriales: una de las imágenes que seguro pasará por mis ojos cuando me muera será la de Juli armando una gigantesca pirámide de estos dulces sobre una bandeja.

Para mí, su sabor simboliza todo el cariño, la energía y la entrega de esta mujer irrepetible.

☻ DIFICULTAD Media: hay que controlar la temperatura del aceite.

INGREDIENTES

Para 1 kg de rosquillas aproximadamente
500 g de harina
200 g de azúcar
3 huevos
½ sobre de levadura Royal
50 ml de anís
1 limón
8 cucharadas (unos 120 ml) de aceite de oliva y aceite de girasol

1. Freír la peladura del limón en el aceite de oliva a fuego suave, sin que se dore. Dejar enfriar.

2. Batir los huevos con el azúcar hasta que cojan un color amarillo pálido. Desechar la peladura de limón y añadir el aceite de oliva. Sumar el anís y batir bien.

3. Añadir la harina tamizada y la levadura, y mezclar con una espátula hasta formar una masa. Si se ve demasiado seca, añadir más aceite de oliva y un chorrito de agua. Amasarla bien, ponerla en un bol o en un plato, recubrirla con film y dejarla reposar hasta el día siguiente a temperatura ambiente.

4. Preparar una bandeja cubierta con papel de cocina.

5. En una sartén grande, calentar aceite de girasol abundante a fuego medio (6-7 sobre 10). Ir cogiendo trozos de la masa y formando las rosquillas haciendo primero un rulo y luego uniéndolo por los extremos. Freírlas en el aceite de girasol hasta que cojan un color dorado oscuro (si se hacen demasiado rápido o tienden a quemarse, bajar la temperatura, porque si no quedarán crudas por dentro). Ir dejándolas en la bandeja. Esperar a que se enfríen del todo para comerlas.

NOTA DEL COCINERO A mí estas rosquillas me gustan troceadas y mojadas en el Cola Cao. He dicho.

MÚSICA PARA GUISAR Joan Manuel Serrat, *La paloma* (1969).

12. BOLLOS SUECOS

Los bollos suecos son un hit de Teresa, la hermana de mi cuñada May, que vivió en Suecia muchos años y aprendió allí las delicias de la repostería local. Siempre que los hace duran lo que el día en el invierno escandinavo, es decir, nada. Esta especie de minitorteles dulces, mantequillosos y extra tiernos enganchan y atentan contra cualquier clase de régimen, porque empiezas a comerlos y no paras.

Por supuesto, a mí no me salen ni la mitad de bien que a ellas, supongo que por su mayor destreza a la hora de trabajar y estirar la masa. Pero aun así están buenísimos. Algún día las alcanzaré. Espero.

🂠 DIFICULTAD Aunque May y Teresa digan que son tirados, son complicados.

INGREDIENTES

Para 1 ½ kg de bollos aproximadamente
600 g de harina
50 g de levadura fresca (o 17 g si es seca)
500 ml de leche entera
250 g de mantequilla
Azúcar
Canela (opcional)
Semillas de anís (opcional)

PREPARACIÓN

1. Derretir 175 g de mantequilla en un cazo a fuego suave. Añadirle la

leche y retirar del fuego. Poner la levadura en un bol grande y añadirle un poquito de la leche tibia con mantequilla. Disolverla bien y añadirle el resto de la leche.

2. Sumar 200 g de azúcar y la harina, mezclar bien y sin trabajar la masa, dejarla levando tapada en un lugar cálido durante una hora aproximadamente, hasta que haya doblado su tamaño.

3. Derretir el resto de la mantequilla y reservar.

4. Amasar unos minutos sobre una superficie enharinada. Se pega mucho, pero no hay que desesperar. Dividir la masa en 4 trozos con un cuchillo. Volver a enharinar la superficie y extender uno de los trozos con un rodillo formando un rectángulo, hasta dejar la masa finita. Pintarlo con mantequilla derretida y espolvorear con azúcar abundante, sin cortarse con la cantidad.

5. Enrollar y cortar con un cuchillo afilado en trozos de 2 o 3 cm de grosor, e ir colocándolos encima de la placa de horno. Repetir la operación con el resto de la masa, añadiendo al azúcar y la mantequilla canela, semillas de anís o cualquier otra cosa que les queramos poner. Dejarlos levar tapados con un trapo una media hora.

6. Precalentar el horno a 225 grados. Pintar los bollos con huevo batido y hornear unos 10 minutos.

NOTA DEL COCINERO Los bollos suecos congelan muy bien una vez hechos. Y cortados por la mitad, tostados y rellenos de mermelada están mortales.

MÚSICA PARA GUISAR Harry Nilsson, *Without you*, *The best of Harry Nilsson* (2009).

1. BOLITAS DE GARBANZO («REVIZOKEFTEDES»)

He leído por ahí que las *revizokeftedes* son «el falafel griego», pero la verdad, creo que tienen tanto que ver como las croquetas y las empanadillas. Es cierto que ambos son fritos y llevan garbanzo, pero en mi humilde opinión las bolitas griegas son bastante más finas que el falafel, o al menos que las inmundas versiones del falafel que se sirven en las pocilgas de comida rápida de toda Europa.

Yo las definiría más como unas croquetas sin leche, o como unas albóndigas vegetarianas. Su elaboración es muy sencilla: una pasta de garbanzo cocido condimentado con diversos ingredientes —que varían en cada casa—, rebozada en harina y frita en aceite abundante. En mi versión, las *revizokeftedes* llevan un poco de patata y queso para hacerlas más cremosas, pero puedes prescindir de ambas cosas si prefieres.

🎲 **DIFICULTAD** Un poco de maña al freír no viene mal.

INGREDIENTES

Como aperitivo para 6-8 personas
400 g de garbanzos cocidos
1 patata mediana
100 g de queso rallado
1 cebolleta pequeña
1 huevo
2 cucharadas de perejil picado
Pan rallado
Harina
Aceite de oliva o de girasol para freír
Sal y pimienta negra

1. Cocer la patata sin pelar en agua hirviendo con sal hasta que esté hecha (unos 20-25 minutos). Picar fina la cebolleta y el perejil. Triturar los garbanzos con la batidora.

2. Pelar la patata y aplastarla con un tenedor hasta formar una pasta. Mezclarla con la cebolleta, el perejil, el queso y el huevo batido, y salpimentar. Añadir los garbanzos triturados y mezclar bien. Formar las bolitas no muy grandes y ponerlas en un plato. Si la masa está muy húmeda, añadir un poco de pan rallado. Dejar reposar en la nevera al menos una hora.

3. Sacarlas y dejar que se templen un poco a temperatura ambiente.

4. Preparar un plato con papel de cocina. Poner harina en un plato hondo, y aceite abundante en una cazuela o sartén a fuego medio-alto. Cuando el aceite esté bien caliente, pasar las bolitas por la harina y freírlas hasta que estén doradas por todos los lados. Dejar que suelten el exceso de grasa sobre el papel de cocina. Servir calientes como aperitivo.

NOTA DEL COCINERO Puedes aderezar las bolitas con otras hierbas a tu gusto, o incluso mezclarlas con un poco de zanahoria rallada o de pimiento.

MÚSICA PARA GUISAR The Kinks, *Something else* (1968).

2. TIGRES (MEJILLONES EN SALSA PICANTE)

Cerca de la antigua casa de mis padres en Bilbao había una tascucia famosa por unos mejillones con salsa de tomate picante a los que llamaban «tigres». El Artajo no se distinguía ni por su higiene ni por la amabilidad de sus gruñones camareros, pero contaba con una clientela fiel gracias a aquella especialidad.

A mí me fascinaban los tigres: creo que, junto al chorizo de La Rioja, fueron mi primer contacto con el picante. Me daban subidón, algo que todavía me pasa hoy con las comidas que pican. Por desgracia, esa manía tan española de reformar (y destruir) los bares ha acabado con el encanto bodeguil del Artajo, y por lo que he leído la calidad ha bajado al mismo ritmo que han subido los precios.

Ésta es mi versión de aquellos deliciosos tigres. Seguramente la receta no es la de aquel bar, pero os aseguro que están igual de buenos.

DIFICULTAD Para *txikiteros*.

INGREDIENTES

Para 4 personas
24 mejillones de roca
1 kg de tomates maduros (si no, de lata, enteros)
1 cebolla
1 diente de ajo
1 pimiento del piquillo o 2 tiras de pimiento rojo embotado
2 o 3 guindillas rojas (según la potencia de picante que se quiera)
1 cucharada de azúcar
Aceite de oliva y sal
Tabasco (opcional)

1. En una sartén grande sofreír la cebolla con un chorro de aceite de oliva a fuego medio durante unos 10 minutos. Mover de vez en cuando para que no se queme. Añadir el diente de ajo pelado y las guindillas y rehogar 5 minutos más.

2. Añadir el pimiento y, poco después, el tomate cortado en trozos grandes, y bien escurrido si es de lata. Salar y dejar que se haga durante 30-40 minutos a fuego suave, hasta que el tomate esté deshecho del todo. Añadir una cucharada de azúcar.

3. Triturar la salsa con pasapurés y volver a poner al fuego suave, hasta que esté bien espeso, más con textura de sofrito que de salsa. Corregir de sal. Si está poco picante, se le puede añadir un poco de tabasco rojo.

4. Limpiar bien las conchas de los mejillones de adherencias y barbas. Calentar otra sartén a fuego medio, echar los mejillones y tapar. Cocer 2 o 3 minutos hasta que se abran. Sacarlos a una fuente. Añadir su jugo de cocción a la salsa de tomate y remover.

5. Servir los mejillones con una sola concha (la que tiene adherida la carne), y con la salsa roja caliente por encima.

NOTA DEL COCINERO Esta fórmula de salsa, que en el fondo es como la brava pero con un toque de pimiento, se puede usar para acompañar patatas fritas.

MÚSICA PARA GUISAR Carpenters, *A song for you* (1972).

3. CREMA DE COLIFLOR CON OLIVADA

Pocas verduras resultan tan exquisitas en crema como la coliflor. Este alimento tiene algo de mala reputación por varios motivos: tradicionalmente se ha comido muy cocido, con lo que pierde toda la gracia; apesta cuando la hierves («huele a pobre», como decía un amigo mío un poquito clasista) y da gases. Pero hay formas de evitar, o cuando menos atenuar, estos problemas.

Para el olor en la cocción, hay quien le pone un poco de vinagre al agua; yo prefiero comprar una variedad de color verde, un poco a medio camino entre la coliflor y el brócoli, que atufa bastante menos. En cuanto a las ventosidades, mi experiencia personal me dice que la coliflor sienta mejor cuanto menos se cueza. Nada hay más indigesto, más desgraciado y menos sabroso que cualquier vegetal de la familia de las coles pasadísimo de cocción.

⚅ DIFICULTAD Para cenutrios.

INGREDIENTES

Para 4 personas
1 coliflor pequeña o media grande
2 patatas medianas
1 cebolla
1 litro de caldo de pollo
1 vasito de vino blanco
50 g de aceitunas negras, a poder ser de Aragón
50 g de queso cremoso (opcional)
25 g de mantequilla
Aceite de oliva virgen, sal y pimienta blanca

1. Poner a rehogar la cebolla picada en la mantequilla con un chorrito de aceite. Dejar que se haga a fuego lento durante 30 minutos, hasta que se deshaga en la boca y esté dulce.

2. Mojar con el vino blanco y dejar que evapore el alcohol un par de minutos. Mojar con el caldo y añadir las patatas cortadas en trozos. Tapar y cocer unos 15 minutos.

3. Añadir la coliflor entonces y cocer todo unos 8 minutos más, hasta que las patatas estén hechas.

4. Deshuesar las aceitunas y triturar poco para que quede en trocitos. Ir añadiendo unos 50 ml de aceite de oliva mientras se remueve suave con un tenedor. Tiene que quedar bastante líquido.

5. Triturar la coliflor con las patatas y su líquido de cocción. Si queda demasiado espeso, rebajar con algo más de caldo. Si está demasiado líquido, reducir poniéndolo un rato al fuego destapado. Dejar reposar un buen rato, y si se quiere una textura más fina, pasar por el chino. También se puede potenciar el sabor añadiendo un poco de queso cremoso en el último momento.

6. Servir la crema en el plato con un chorrito de olivada por encima.

NOTA DEL COCINERO Si se quiere añadir algo de lujo, guarnecer también con unas huevas de salmón.

MÚSICA PARA GUISAR Animal Collective, *Merriweather Post Pavillion* (2009).

4. HUEVOS EN PURGATORIO

Cuando leí por primera vez sobre este plato pensé que su nombre estaba relacionado con su mediano nivel de picante. Los huevos en purgatorio no son tan endiablados como para venir del infierno, pero pican lo suficiente para no resultar un ñoño producto celestial.

Sin embargo, después vi que se llaman así porque los huevos son como las almas del purgatorio, que se hinchan tratando de huir del fuego rojo del tomate. Como pecador que soy, me quedo con esta explicación, que es mucho más sugerente y poética.

Para que los pobres huevos estén un poco más cómodos en su tormento, yo les pongo unas alcachofas en la salsa y una cama de patatas asadas. La idea de combinar estos ingredientes es de la revista *Bon Appétit*, pero casi todos los procedimientos están cambiados a mi antojo.

☠ DIFICULTAD Para tontos, pero trabajadores.

INGREDIENTES

Para 4 personas
8 huevos
8 alcachofas
½ kg de tomate natural entero de lata
½ kg de patatas
2 cucharadas de alcaparras
1 cebolla
1 diente de ajo
1 cucharadita de tomillo fresco
1 cucharadita de albahaca fresca picada
1 cucharadita de guindilla seca en copos o picada

1 limón
Aceite de oliva
Aceite de girasol
Sal y pimienta negra

PREPARACIÓN

1. Poner agua con sal a hervir en una cazuela grande. Pelar y cortar las patatas en láminas de medio centímetro aproximadamente. Cocerlas 3 minutos en el agua hirviendo. Sacarlas, escurrirlas y reservarlas.

2. En una cazuela baja o sartén grande, rehogar la cebolla picada y la guindilla a fuego suave con un buen chorro de aceite de oliva, durante unos 20-30 minutos hasta que esté blanda.

3. Preparar un bol con agua y el zumo del limón. Pelar las alcachofas cortando primero los tallos. Quitar las hojas exteriores hasta que tengan un color amarillo, pelar la base y cortar por último las puntas. Cortarlas en cuatro gajos, cortar los pelitos interiores y echar los corazones inmediatamente en el agua con limón para que no se ennegrezcan. Hacer lo mismo con los tallos, pelados y cortados en rodajas finas.

4. Precalentar el horno a 200 grados.

5. Añadir las alcachofas con el ajo picado fino al sofrito de cebolla. Rehogar un par de minutos, y añadir los tomates picados en grueso y todo el líquido que tuvieran dentro.

6. Salar y sumar las hojitas del tomillo y la albahaca, tapar y dejar que se cueza unos 20 minutos, hasta que el tomate se deshaga y haya perdido su acidez y las alcachofas estén tiernas. Si queda líquido del to-

mate, dejar cocer unos minutos destapado hasta que se reduzca casi del todo. Añadir las alcaparras y corregir de sal.

7. Poner cinco cucharadas de aceite de girasol en la fuente o bandeja en la que se vaya a hacer el plato, y meterla al horno para que se caliente. Unos minutos después, añadir las patatas y embadurnarlas y remover para que se impregnen bien de la grasa. Asarlas unos 40 minutos, hasta que estén doraditas y bien hechas.

8. Sacar la fuente del horno y bajar la temperatura a 180 grados. Salpimentar las patatas y repartir las alcachofas por encima. Formar ocho huecos con el reverso de una cuchara grande, y cascar los huevos sobre ellos. Salpimentarlos muy ligeramente, cubrirlos con papel de aluminio y volver a meter en el horno hasta que las claras se hayan hecho, pero las yemas aún estén líquidas (unos 10-15 minutos; hay que vigilar porque todo depende de la potencia del horno y del tamaño de los huevos). Servir inmediatamente.

🎮 NOTA DEL COCINERO Los huevos en purgatorio también se pueden hornear en ramequines individuales o en cazuelitas, que queda todavía más retro.

🎙 MÚSICA PARA GUISAR B.S.O. de *Hedwig and the angry inch* (2001).

5. PATATAS EN SALSA VERDE

Las patatas en salsa verde han sido un clásico de toda la vida de la cocina de mi casa en Bilbao. Por eso estoy más que contento de que Juli, mi segunda madre, las haya recuperado y las vuelva a hacer siempre que vengo a la Capital del Universo.

Es una receta perfecta para aprovechar la cabeza y las espinas de la merluza o de cualquier pescado. Os aseguro que a veces yo he disfrutado más este plato que del propio lomo del pez: el sabor del pescado, unido a la textura de las patatas, la convierte en un triunfo absoluto de la comida tradicional vasca. Y son tiradas de hacer...

DIFICULTAD Cero patatero.

INGREDIENTES

Para 4 personas

La cabeza, espina e hijada de una merluza
1 kg de patatas
150 g de guisantes frescos o congelados (nunca de lata)
2 dientes de ajo pequeños o uno grande
Un manojo pequeño de perejil
½ cebolla
2 zanahorias
½ puerro
2 litros de agua
Aceite de oliva
Sal

1. Preparar el fumet (caldo) poniendo en una olla el pescado, la cebolla partida en dos trozos, la zanahoria pelada y el puerro limpio. Cubrir con agua fría y un chorrito de aceite de oliva y poner a cocer a fuego medio. Cuando rompa a hervir, quitar la espuma con una espumadera y cocer 20 minutos a fuego lento. Dejar reposar hasta que se temple.

2. Sacar el pescado del caldo y limpiarlo de espinas para aprovechar todos los trozos de carne de la merluza. Reservar tapados para que no se sequen. Colar el caldo y desechar la espina, los restos de la cabeza y las verduras.

3. Majar los ajos con el perejil (o picarlos en trocitos pequeños). Pelar las patatas, cortarlas en rebanadas gruesas o en trozos.

4. En una olla alta, poner a calentar un poco de aceite y rehogar a fuego suave las patatas y los guisantes con el ajo y el perejil un par de minutos. Mojar con el caldo de pescado, añadir la carne de la cabeza y la hijada de la merluza, salar ligeramente y cocer hasta que las patatas estén muy hechas (unos 20 minutos), removiendo un poco de vez en cuando.

5. Para que el caldo engorde, se pueden aplastar algunos trozos de patata con un tenedor y disolverlos, hasta conseguir la textura deseada. Corregir de sal y servir.

 NOTA DEL COCINERO Este plato se puede comer en el momento, pero como todos los guisos, está mucho mejor al día siguiente o después de unas horas.

MÚSICA PARA GUISAR Varios, *A tribute to Cole Porter* (2010).

Tengo la ligera sospecha de que en anteriores reencarnaciones fui monja de clausura o similar, porque no me puede gustar más la cocina estilo convento. Me refiero a esos platos viejunos y cuaresmales que bajo su aspecto ascético esconden los más lujuriosos placeres gastronómicos, ya que saben sacar el máximo partido a ingredientes ultrapobres.

La combinación de arroz y acelgas es muy típica de la Comunidad Valenciana, donde se denomina *arròs amb bledes.* Yo lo enmarco en el tipo de guisos monacales que me hace levitar cual santa Teresa en éxtasis. El cereal inundado del sabor de la verdura, la textura cremosa y el aroma del ajo y el aceite de oliva perfumándolo todo conforman una experiencia tan simple, casera y auténtica que podría reconfortar a un zombie de *The Walking Dead.*

Aviso desde ahora que mi forma de prepararlo, bastante anárquica, seguramente no respeta ni los cánones regionales valencianos ni los de la cocina conventual: tampoco pretende sentar cátedra sobre ellos.

⊗ DIFICULTAD Para almas descarriadas.

INGREDIENTES

Para 4 personas
400 g de arroz
½ kg de acelgas
1 litro de caldo de pollo o de verduras
1 cebolla
2 dientes de ajo
100 ml de vino blanco

1 cucharada de carne de pimiento choricero
1 cucharadita de pimentón dulce
Aceite de oliva extra virgen y sal

PREPARACIÓN

1. Pelar y picar fino la cebolla y los ajos. Rehogarlos en una cazuela con un chorro de aceite unos 15 minutos a fuego suave.

2. Sumar la carne de pimiento choricero y el pimentón y rehogar un minuto. Añadir el arroz y nacararlo bien con el sofrito un par de minutos.

3. Poner a calentar el caldo.

4. Mojar el arroz con el vino, remover y dejar que evapore el alcohol dos minutos. Añadir las acelgas picadas (sólo la parte verde, reservando las pencas para otras preparaciones). Mezclar, rehogar un par de minutos más y mojar con el caldo bien caliente.

5. Cocer de 15 a 20 minutos, removiendo de vez en cuando para que el arroz suelte el almidón y quede cremoso. Si se pone muy seco antes de hacerse, añadir algo de agua. Retirar del fuego y servir inmediatamente cuando el arroz esté hecho.

NOTA DEL COCINERO Las acelgas se pueden sustituir por espinacas tranquilamente. Y unos garbanzos cocidos añadidos en el último momento pueden ser el remate.

MÚSICA PARA GUISAR Depeche Mode, The Singles 1981-1985 (1998).

7. PUERROS EN VINAGRETA PICANTE

Hay veces en que la comida más simple te proporciona orgasmos gastronómicos más intensos que el plato más elaborado del mundo. Esto es lo que te puede pasar con unos sencillos y pobretones puerros, siempre que sean ecológicos, finos y de temporada.

El puerro, ingrediente básico en la cocina vasca, es para mí como un fetiche. Me encanta su sabor, su textura, su humildad y su versatilidad. Con una simple vinagreta con huevo cocido, como se suele tomar en Euskadi, son una auténtica delicia. Yo añado un toquecillo picante en forma de guindilla roja picada para animar el cotarro.

☠ **DIFICULTAD** Para cortos.

INGREDIENTES

Para 4 personas
12 puerros finos (o una cantidad equivalente en gruesos)
2 huevos
½ cebolla roja
½ pimiento verde
1 guindilla seca
½ limón
8 cucharadas de aceite de oliva virgen
2 cucharadas de vinagre blanco de calidad
Sal y pimienta negra

1. Poner a hervir agua abundante con un puñado de sal. Limpiar bien los puerros desechando los extremos más verdes y las capas exteriores, y pasándolos bien por agua para que no tengan tierra. Cocerlos entre 10 y 15 minutos, dependiendo del grosor.

2. En un cazo pequeño, poner agua a hervir y cocer los huevos durante 8 minutos. Picar la cebolla y el pimiento finos y ponerlos en un bol con el zumo de limón, para que pierdan un poco de fuerza.

3. Pasar los puerros por agua fría, escurrir bien y reservar. Hacer lo mismo con los huevos, pelarlos y picarlos finos.

4. Mezclar en un bote que tenga tapa el aceite, el vinagre, la cebolla y el pimiento escurridos, la guindilla picada fina, sal y pimienta al gusto. Tapar y agitar bien para que emulsione.

5. Servir los puerros enteros o cortados a lo largo en mitades o cuartos dependiendo del grosor, con la vinagreta por encima.

🎭 NOTA DEL COCINERO Esta misma vinagreta va muy bien con la remolacha cocida, con judías verdes o con unas gambas a la plancha.

🎵 MÚSICA PARA GUISAR The Hollies, *Hear! Here!* (1965).

8. PISTO A LA BILBAÍNA DE MI MADRE

El año pasado conseguí por primera vez hacer un pisto tan bueno como el de mi madre. Años y años intentándolo y fracasando, y por fin lo logré. Estaba todo: el punto perfecto de cocción del calabacín, la acidez justa del tomate, el vigor de la cebolla dorada con alegría, sin dejar que se compote y se ponga dulzona. Y por supuesto, el huevo cremoso, tratado con la delicadeza que lo hacía ella, sin marearlo.

Ésta es la receta con la que alcancé el éxito. Cuando la tomo me siento como Anton Ego, el crítico gastronómico de esa gran película llamada *Ratatouille* que toma su nombre de la versión francesa del pisto. Unas simples verduras me transportan al pasado y me producen más placer que la comida más lujosa y elaborada del mundo.

☠ **DIFICULTAD** Como decía Auguste Gusteau, «cualquiera puede cocinar».

INGREDIENTES

Para 4 personas
2 calabacines grandes
½ kg de tomates maduros
1 pimiento verde grande
1 cebolla grande
1 diente de ajo
4 huevos
Aceite de oliva virgen
Azúcar
Sal

1. Escaldar los tomates en agua hirviendo, pelarlos y despepitarlos. Cortarlos en trozos grandes, como de medio gajo.

2. Picar la cebolla. Quitar el tronco y las pepitas al pimiento y cortarlo en trozos medianos, de unos 2 o 3 cm.

3. Calentar un buen chorro de aceite de oliva en una sartén grande, y dorar la cebolla a fuego medio durante unos 5 minutos. Remover de vez en cuando para que no se queme. Añadir el pimiento y el diente de ajo, y dorar 5 minutos más.

4. Cortar cada calabacín longitudinalmente en cuatro trozos, y eliminar algo de la parte central donde están las semillas. Cortar los trozos en daditos y añadirlos a la sartén. Salar y rehogar unos cinco minutos para que resalte el sabor del calabacín, hasta que éste empiece a ponerse transparente.

5. Finalmente, añadir el tomate y dejar que cueza todo junto unos 15-20 minutos, hasta que el calabacín esté hecho y el tomate esté entero pero se deshaga al tocarlo con la cuchara.

6. Aplastar el diente de ajo y disolverlo en la salsa. Probar el tomate, y si está muy ácido, añadir una cucharada de azúcar. Corregir de sal.

7. En este punto, el pisto se puede dejar enfriar y guardar en la nevera, si se quiere. Justo antes de comerlo, calentarlo bien en una sartén a fuego medio-fuerte, y cascar los huevos encima. Añadir una pizca de sal y dejar que las claras se cuajen un poco sin remover.

8. Al final, romper las yemas y dar una vuelta suave a todo el conjunto, sin marearlo. Cuando el huevo esté semilíquido y cremoso, sacar de la sartén a la fuente y servir inmediatamente.

 NOTA DEL COCINERO El pisto se debe hacer en verano, cuando sus verduras están en temporada. Y los tiempos de cocción son aproximados: dependen de la clase de las mismas.

MÚSICA PARA GUISAR Patti Smith, *Horses* (1975).

Desde que las descubrí en Zákinzos, una isla del oeste de Grecia, las berenjenas con tomate y ajo caen varias veces todos los veranos. Es una manera muy sabrosa de prepararlas, y muy cómoda, porque a diferencia de cuando las fríes o las haces al horno aguantan muy bien en la nevera.

Es importante que el tomate sea bueno y esté maduro de verdad (no de aspecto rojo pero corchificado por dentro, como el que se vende fuera de temporada). Si no, la salsa saldrá ácida y el plato no tendrá ni el más remoto parecido al original griego.

💀 DIFICULTAD   Entre baja y media. Más que difícil, es un poco larga.

INGREDIENTES

Para 4 personas
3 berenjenas medianas
1 kg de tomates muy maduros (si no, de bote)
4 dientes de ajo
1 cucharadita de orégano
Azúcar
Aceite de oliva
Sal y pimienta negra

PREPARACIÓN

1. Picar lo más fino posible el ajo, eliminando los brotes que tienen en el interior. Picar el tomate en trozos grandes (si se utiliza natural). Po-

ner a calentar a fuego suave un buen chorro de aceite de oliva, y rehogar durante menos de un minuto el ajo sin que se dore. Añadir inmediatamente el tomate, salpimentar ligeramente, tapar y dejar que se haga a fuego suave durante al menos media hora.

2. Según se vaya cociendo, ir rompiendo los trozos con una cuchara de madera, y destapar en los últimos cinco minutos para que pierda algo de agua.

3. Mientras, cortar las berenjenas en dados grandes y freírlas en abundante aceite caliente, hasta que queden doradas y cremosas por dentro. Escurrirlas y salpimentarlas muy levemente. Reservar.

4. Probar el tomate. Si está ácido, añadir una cucharadita de azúcar y dejar que se haga 10 minutos más. Triturar en el pasapurés para eliminar la piel y las pepitas.

5. Juntar las berenjenas con la salsa, y dejarlas a fuego suave durante 10 minutos, o hasta que el tomate haya espesado bastante y quede bien pegado a las berenjenas. Añadir el orégano, remover, corregir de sal y pimienta y dejar reposar tapado unos minutos más.

NOTA DEL COCINERO Este plato es muy recomendable junto a otros aperitivos griegos como el tzatziki o los calamares fritos.

MÚSICA PARA GUISAR Deerhunter, *Microcastle* (2008).

10. ALBÓNDIGAS DE SARDINAS CON MENTA Y LIMÓN

Me encantan las sardinas, pero nunca jamás las aso ni las frío en casa. Lo siento, pero no puedo con el pestazo que suelta este pescado, capaz de transformar tu dulce hogar en una sucursal de un asador de Santurce. Es un olor que se pega a las paredes, al cuerpo y a la nariz, como el de esos restaurantes de menú en los que tienes que entrar con el traje de neopreno para no atufar a fritanga toda la tarde.

Estas albóndigas sicilianas, cuya receta me pasó un amigo y residente en Italia (Gorka Larrabeiti), me han permitido comer sardinas en casa sin grandes problemas de humos. Al no ser la piel y su grasa lo que está en contacto con el calor, huelen muchísimo menos.

Sin embargo, no es ésa su mayor virtud. Lo mejor es la frescura que aportan al pescado la ralladura de limón y la menta, y el contraste entre el exterior crujiente y el interior blandito y jugoso. Tienen trabajo —sobre todo la limpieza de las sardinas—, pero de verdad que compensan.

⚅ DIFICULTAD Si consigues las sardinas ya limpias, ninguna.

INGREDIENTES

Para 4 personas
1 kg de sardinas
150 g de pan rallado
1 cebolla
1 diente de ajo
1 manojo de perejil
8 hojas de menta
150 g de parmesano rallado

1 limón
1 huevo
Aceite de oliva
Sal
Pimienta negra

1. Picar la cebolla y machacar el ajo. Calentar un chorrito de aceite de oliva en una sartén y rehogar la cebolla y el ajo a fuego suave hasta que estén bien hechos (20-30 minutos).

2. Lavar bien las sardinas, quitarles las tripas (si no hemos pedido al pescadero que lo haga), y quitarles la cabeza y la espina con un cuchillo afilado. Lo mejor es aplastar la sardina con una mano por el lomo, y con la otra, empezar a cortar horizontalmente desde la cola, primero por un lado y luego por el otro.

3. Picar los lomos en trocitos de medio centímetro aproximadamente, y ponerlos en un bol. Tamizar el pan rallado y mezclarlo con las sardinas. Añadir el queso rallado.

4. Lavar y secar bien el perejil y la menta, y picarlos y añadirlos. Lavar el limón y cortarlo en 8 gajos. Rallar uno de ellos y añadir la ralladura a la mezcla de sardinas. Añadir la cebolla y el ajo, el aceite en el que se han hecho, y el huevo batido. Salpimentar y mezclar bien. Hasta aquí, la receta se puede preparar con antelación.

5. Preparar un plato grande con papel de cocina. Calentar abundante aceite en una cazuela baja o sartén. Cuando esté bien caliente pero no humeante, hacer bolitas de la mezcla de sardinas con las manos e ir

friéndolas. Dejarlas sobre el papel de cocina para que pierdan el exceso de grasa.

6. Servir de inmediato con los trozos restantes de limón para el que quiera exprimirlos sobre las albóndigas.

NOTA DEL COCINERO Las albóndigas se pueden acompañar con ensalada y una mayonesa ligera aderezada con un poco de menta y perejil.

MÚSICA PARA GUISAR The Jackson 5, *Diana Ross presents The Jackson 5* (1969).

Los *rohliky* son unos bollitos típicos de Chequia que parecen un antepasado del cruasán. Estos panes con forma de luna creciente son muy comunes en todo el centro y norte de Europa, y para hacerlos se forma un triángulo con la masa que se enrolla y después se curva, como en el clásico francés. Sin embargo, la masa no es de hojaldre, y aunque llevan un poco de azúcar no son demasiado dulces.

Toda esta sapiencia no me viene ni de unos ancestros checos ni de leer a Kundera, sino de mi asistencia a un curso sobre panes centroeuropeos de Ibán Yarza, autor del blog *Te Quedas a Cenar*. Aprender a hacerlos fue un placer, a pesar de que en la clase me sentí un poco *borderline* en cuestión de panes porque todos los demás alumnos parecían controlar unas 10 veces más que yo. Y no hablemos de manejar los trozos de masa: mientras a mí se me pegoteaban y deformaban, Ibán parecía haberse dado una capa de teflón en las manos antes de la clase.

Como en todo, la paciencia es la madre de la ciencia. Los *rohliky*, cuya receta está adaptada del libro *Local Breads*, de Daniel Leader, no eran tan complicados de manejar como los otros panes, y prueba de ello es que al repetirlos en casa me salieron bien a la primera. De verdad que valen la pena: son muy tiernos, huelen fenomenal y están igual de buenos con rellenos salados o dulces.

⊞ DIFICULTAD Media, pero todo es ponerse.

Para unos 10 panecillos
500 g de harina
250 ml de agua

2 yemas de huevo
15 g de levadura fresca (o 5 g de seca)
50 g de mantequilla
15 g de azúcar
10 g de sal
Semillas de anís (alcaravea) o de amapola

PREPARACIÓN

1. Mezclar y amasar todos los ingredientes hasta obtener una masa elástica. Dejar fermentar una hora en un bol enharinado y tapado con un trapo en un lugar cálido y sin corrientes.

2. Dividir la masa en piezas de unos 80 g, y formar unas 10 bolas. Estirarlas con un rodillo haciendo triángulos isósceles (como la copa de un abeto). Enrollarlos sobre sí mismos formando una especie de cruasán, cuidando de que queden bien prensados y pegados. Sellar bien la punta, curvarlos un poco e ir poniéndolos sobre una bandeja de horno, dejando espacio suficiente entre uno y otro porque crecerán.

3. Pintarlos con agua y espolvorear las semillas de anís o de amapola por encima. Dejar que fermenten unos 30 minutos en un lugar cálido. Cuando falten unos 10 minutos, precalentar el horno a 180 grados.

4. Cuando los *rohliky* estén hinchados, pero con los pliegues visibles, meter en el horno unos 13-15 minutos.

NOTA DEL COCINERO Si los comes de un día para otro, están deliciosos tostados y con mantequilla y mermelada.

MÚSICA PARA GUISAR La Mode, *El eterno femenino* (1982).

platos
quemagrasa

1. BERBERECHOS CON CILANTRO Y LIMA

Los berberechos al vapor son uno de los aperitivos más fáciles, rápidos y ricos que conozco. Lo único que requieren es algún tipo de rejilla o vaporera que puedas meter en una cazuela, y con poner un poco de vino blanco en el fondo, en tres minutos los tienes hechos. Esta técnica, que también se puede aplicar a los mejillones de roca, tiene la gran ventaja de preservar intacto todo el sabor a mar propio del molusco, además de su valor nutritivo.

El aliño de esta receta es una aportación mía aprendida en Chile, auténtico paraíso de este tipo de productos marinos. Fue allí, en casa de mi amiga Claudia Larraguíbel, donde probé los maravillosos choritos (unos mejillones enanos) en conserva aderezados con cilantro, limón y cebolleta. La combinación me pareció todo un acierto, y perfectamente aplicable a los moluscos locales españoles.

⊠ DIFICULTAD **Para torpes integrales.**

INGREDIENTES

Para 4 personas
1 kg de berberechos frescos
1 lima (o 2, si tienen poco jugo)
½ cebolleta
2 cucharadas de cilantro fresco picado
1 chile rojo o 1 guindilla pequeños (opcional)
1 hoja de laurel
1 vasito de vino blanco
Pimienta negra recién molida
8 cucharadas de aceite de oliva virgen

1. Picar la cebolleta muy fina y dejarla un par de minutos en remojo con el zumo de la lima. Picar muy fino el chile o la guindilla si se quiere que pique un poco. Mezclarlo todo con el aceite y el cilantro picado, y espolvorear un poco de pimienta. Reservar.

2. Lavar los berberechos bajo el chorro de agua fría. Poner a hervir el vaso de vino blanco con la hoja de laurel con una rejilla o vaporera encima (si se hace en sartén sin vaporera, echar sólo medio vaso).

3. Cuando esté hirviendo, echar los berberechos y tapar. Dejarlos hasta que se abran (unos 4 minutos aproximadamente). Desechar los que se han quedado cerrados (eso es que estaban muertos) y poner los abiertos en una fuente. Rociar con la vinagreta y servir inmediatamente.

NOTA DEL COCINERO El caldillo que sobre de los berberechos se puede usar para mejorar un arroz blanco o en una salsa de pescado para una pasta.

MÚSICA PARA GUISAR Denver, *Música, gramática, gimnasia* (2010).

El calabacín no suele formar parte de nuestras ensaladas, supongo que porque crudo no tiene ni mucho sabor ni una textura demasiado agradable. Sin embargo, convenientemente cortado, sometido a un proceso de deshidratación con sal y después marinado se transforma en una verdura más sabrosa y agradable al paladar.

La idea es del chef británico Bryn Williams. Yo hago el marinado un poco más largo porque si no me parece que el calabacín queda todavía demasiado bravo.

☻ **DIFICULTAD** Cero patatero.

INGREDIENTES

Para 4 personas
2 calabacines medianos
50 g de nueces peladas (o piñones tostados en la sartén)
100 g de rúcula
1 cucharada de vinagre balsámico de módena
8 cucharadas de aceite de oliva virgen
½ limón
1 cucharadita de mostaza en grano
Sal y pimienta recién molida

PREPARACIÓN

1. Cortar los calabacines en tiras finas con la mandolina, con un pelador o con un cuchillo que corte bien. Ponerlas encima de un colador y aña-

dirles sal. Dejarlas un buen rato (de media a una hora) hasta que suelten parte del agua. Secarlas bien con papel de cocina o con un trapo.

2. Preparar la vinagreta mezclando en un bote el aceite, el vinagre, la mostaza, el zumo del medio limón, sal y pimienta, y agitándolo para que emulsione. Verter dos terceras partes aproximadamente de esta vinagreta sobre el calabacín con las nueces, y dejarlo marinando media hora.

3. Servir el calabacín con las nueces con unas hojas de rúcula por encima, y mojar con el resto del aliño.

🖤 NOTA DEL COCINERO Si el calabacín es grueso y tiene mucha parte con pepitas, conviene quitarla y usarla para otros cometidos (una crema de verduras, por ejemplo).

🎵 MÚSICA PARA GUISAR Vashti Bunyan, *Some things just stick in your mind* (2007).

3. ENSALADA DE JUDÍAS VERDES Y SARDINAS

Las judías verdes son la única verdura que me gusta bastante cocida. Lo siento pero no puedo soportar el tacto en los dientes cuando están al dente, y me encantan cuando se deshacen. Imagino que será una reminiscencia de la infancia, cuando las tomaba aplastadas con patata cocida y mayonesa casera.

Esta ensalada se puede tomar templada o a temperatura ambiente. Acompañan a las vainas las que para mí son las mejores judías blancas del Universo, las *mongetes del ganxet*, una variedad enana e increíblemente tierna típica del Maresme y el Vallès en Cataluña. Si no las encuentras, busca alguna pequeña parecida. Las sardinas en lata en este tipo de ensaladas son una auténtica revelación, perfectas sustitutas de las más habituales anchoas.

DIFICULTAD Para negaciones humanas.

INGREDIENTES

Para 4 personas
500 g de judías verdes
300 g de mongetes del ganxet *cocidas (o cualquier judía blanca parecida)*
8-12 sardinas pequeñas de lata
1 zanahoria mediana
Aceite de oliva extra virgen
Vinagre de Jerez
Sal

1. Poner a hervir agua abundante con sal en una cazuela. Quitar los bordes a las judías verdes con un pelador y hervirlas hasta que estén tiernas (unos 10-15 minutos, pero depende de cómo te gusten). También se pueden hacer al vapor en la olla a presión, poniendo agua en el fondo de la olla y las judías sobre una vaporera.

2. Preparar la vinagreta con 8 cucharadas de aceite de oliva extra virgen, 2 cucharadas de vinagre y sal al gusto.

3. Mezclar las judías verdes y las *mongetes* y aliñarlas con dos terceras partes de la vinagreta en la fuente donde vayamos a servir. Repartir los filetes de sardina sin la espina central por encima. Espolvorear con zanahoria rallada y terminar con el resto del aliño.

NOTA DEL COCINERO Si te apetece tomarte el curro, las judías cortadas en tiritas se hacen antes y quedan buenísimas.

MÚSICA PARA GUISAR Grandaddy, *The sophtware slump* (2000).

Algunos procesos en la cocina parecen complicados y casi industriales, cuando no lo son en absoluto. Al menos eso pensaba yo de los pescados en salazón, hasta que animado por una receta de David de Jorge *(Robin Food* en ETB) me lancé a preparar unas sardinas con esta técnica para marinarlas posteriormente en aceite. Es decir, hice en casa lo que habitualmente compramos en lata, sobre todo en el caso de las anchoas.

El resultado fue iluminador, al nivel de la mejor conserva pero por una tercera parte de precio. Y aunque se me ocurren muchas actividades más agradables que quitar la tripa a pescaditos, certifico ante notario que la satisfacción de ver nacer a tu primer salazón compensa con creces el trago.

Ésta es la versión con anchoas, pero la podéis hacer igual con sardinas. Lo importante es que estén muy frescas, algo que se puede comprobar fácilmente tocando los peces: si están tirando a rígidos, brillantes y huelen a mar, todo bien; si están blandurrios, mates o tufan un poco, mejor que se los coma el pescadero. Las anchoas y las sardinas en salazón se pueden tomar solas, en tostadas, en ensaladas, con aguacate... todo vale. Eso sí, controlad mucho la sal añadida, porque son potentes.

🖬 DIFICULTAD Para simples.

Para 4 personas
½ kg de anchoas muy frescas, enteras y sin limpiar
3 tomates maduros grandes
½ cebolleta pequeña
1 diente de ajo

½ kg de sal gorda
Aceite de oliva extra virgen
Sal fina

1. Extender una capa de sal gorda en un tupper o fuente grande. Poner las anchoas encima y cubrirlas con más sal. Si no caben todas, hacer otra capa de anchoas y terminar siempre con sal. Dejar reposar en un sitio fresco 12 horas.

2. Sacar las anchoas del salazón, quitarles las tripas y la cabeza con las manos y lavarlas bien. Sacarles por último la espina para obtener los lomos limpios, e ir dejándolos sobre papel de cocina para que escurran.

3. Ponerlos en una fuente o tupper con ajo picado por encima y cubrirlos del todo con aceite de oliva. Meter en la nevera un mínimo de una hora (si puede ser más, mejor).

4. Justo antes de que se vaya a comer la ensalada, pelar los tomates, cortarlos en láminas gruesas y extenderlos en una fuente. Extender sobre el tomate la cebolleta cortada en juliana, salar muy levemente y mojar con un chorrito de aceite. Repartir anchoas por encima (seguramente sobrarán) y acabar con un par de cucharadas del aceite de las anchoas.

NOTA DEL COCINERO Esta misma fórmula se puede usar para preparar canapés o tostadas, en vez de presentarlo como ensalada.

MÚSICA PARA GUISAR The Bluebells, *The singles collection* (1998).

5. SOPA MORA DE ZANAHORIA

Creo recordar que fue a Arzak al que oí decir hace muchos años que la cocina marroquí era una de las mejores del mundo, al nivel de la francesa en variedad y refinamiento. Me chocaron las alabanzas del cocinero vasco, al que nunca relacionarías con las mesas magrebíes, pero por lo poco que he ido conociendo de la gastronomía mora, no puedo estar más de acuerdo con él.

Esta sopa une tres elementos muy utilizados en la comida marroquí, que casan increíblemente bien: la zanahoria, la miel y el comino. Las otras especias —clavo, canela y nuez moscada— refuerzan aún más su exotismo, aunque están amansadas por el añadido final del yogur.

🗯 **DIFICULTAD**   No hace falta ni tener cerebro.

INGREDIENTES

Para 4 personas
½ kg de zanahorias
1 patata mediana
1 cebolla grande
1 tallo de apio
½ litro de caldo de pollo o de verduras
2 cucharadas de zumo de naranja
1 cucharada de zumo de limón
1 cucharada de miel
2 yogures griegos (o desnatados si se quiere ser ultralight)
1 cucharada de comino en grano
Una pizca de canela
Una pizca de clavo molido

Una pizca de nuez moscada
Aceite de oliva
Sal y pimienta

PREPARACIÓN

1. Picar la cebolla y ponerla a rehogar 5 minutos en una cazuela grande con un poco de aceite a fuego suave. Añadir la zanahoria pelada y cortada en rodajas y el apio picado, salar ligeramente y rehogar 10 minutos más. Añadir la patata pelada y cortada en trozos grandes y el caldo.

2. Llevar a ebullición, bajar el fuego y cocer durante 30-40 minutos, hasta que la zanahoria esté tierna. Retirar del fuego y triturar. Hasta aquí se puede hacer con antelación.

3. Tostar el comino en una sartén a fuego suave unos 5 minutos, hasta que suelte su aroma. Machacarlo en un mortero hasta reducirlo a polvo. Batir un poco el yogur en un bol.

4. Con la sopa caliente, añadir la miel, los zumos de limón y naranja, la canela, la nuez moscada y el clavo. Remover y corregir de sal y pimenta negra.

5. Servir la sopa en boles individuales con una buena cucharada de yogur y el comino espolvoreado por encima.

🕱 **NOTA DEL COCINERO** Si se quiere que las especias no tengan tanta presencia añadirlas al principio junto a la zanahoria.

🎧 **MÚSICA PARA GUISAR** The Rolling Stones, *Exile on Main St.* (1972).

6. RÁBANOS ASADOS CON RÚCULA

Nunca se me había ocurrido asar un rábano hasta que la revista *Bon Appétit* me abrió los ojos a la posibilidad de cocinar esta verdura. Siempre lo había tomado crudo, supongo que llevado por esa pereza mental que a veces te ataca en la cocina, y por la que tiendes a repetir procedimientos sin plantearte posibles innovaciones.

El caso es que fue todo un descubrimiento, porque como tantas otras verduras, el rábano se convierte en un alimento bastante distinto al aplicarle calor. Pierde esa agresividad crujiente, terrosa y un punto picante que me encanta, pero pasa a tener otras cualidades más amables: un sabor suave y un pelín dulce, y una textura mantequillosa fantástica.

Los rábanos asados encajan muy bien el empuje salado, ácido y picante de ingredientes como las anchoas, el limón y la rúcula, respectivamente. En cuanto a la mantequilla, cuando está caramelizada como aquí es un verdadero vicio, pero si pertenecéis al Frente de Liberación de la Cocina sin Lácteos podéis usar aceite de oliva sin problemas.

DIFICULTAD Para adoquines.

INGREDIENTES

Para 4 personas

3 manojos de rábanos (unos 25-30)
150 g de rúcula
1 limón
1 diente de ajo
2 filetes pequeños de anchoas en aceite

2 cucharadas de mantequilla
Aceite de oliva

1. Precalentar el horno a 230 grados.

2. Limpiar los rábanos, cortarlos por la mitad, embadurnarlos en un poco de aceite y ponerlos con la parte cortada hacia abajo en una bandeja o fuente de horno. Asarlos unos 20 minutos, moviéndolos de vez en cuando, hasta que estén hechos pero aún enteros.

3. Mientras, poner la mantequilla en un cazo pequeño a fuego mínimo. Cuando se haya derretido, añadir las anchoas y el ajo partido en dos. Dejar que se haga lo más suavemente posible unos 10 minutos, sin hervir, hasta que las anchoas se disuelvan al remover y la mantequilla coja un color tostado. Desechar el ajo, añadirle un chorro de zumo de limón y menearlo para que se mezcle.

4. Servir los rábanos con la mantequilla con anchoas y la rúcula picada por encima, y corregir de sal si es necesario. Están fantásticos como acompañamiento de una carne o encima de una tostada de pan bueno.

NOTA DEL COCINERO Para convertir el plato en 100 % vegetariano, cambiar la mantequilla caramelizada por aceite de oliva y la anchoa por queso feta añadido en el último momento.

MÚSICA PARA GUISAR Varios, *The Virgin Suicides Original Soundtrack* (2004).

7. CALABAGUETIS CON AJO Y GUINDILLA

Siempre me han encantado los espaguetis de la manera más simple del Universo: con un poco de ajo y guindilla roja rehogada en un buen aceite de oliva virgen. Supongo que de alguna manera me recuerdan a las angulas, ese manjar que hace milenios que no pruebo pero que en mi infancia se consumía en casa en Navidad o en el cumpleaños de mi padre. De hecho, me consta que hay personas que, incapaces de pasar por el aro de las gulas, se preparan fideos de esta forma para sobrevivir como sea al mono de los prohibitivos *gusanitos*.

El caso es que cuando vi una receta de *zuccaghetti*, una especie de espaguetis de calabacín, en la web Food 52 pensé que les iría bien este refrito ultrabásico. Y acerté: la verdura, sosa por naturaleza, cobró vida al mezclarla con esa unión absolutamente insuperable que forman el aceite de oliva y el ajo, mientras el picante y el queso completaban todo con eficacia. Me imagino que también estarán muy buenos haciendo mitad y mitad con pasta de verdad, si se quiere hacer un plato menos light y más para tragaldabas.

🎮 **DIFICULTAD** La de cortar el calabacín en tiras.

INGREDIENTES

Para 4 personas
800 g de calabacines
2 dientes de ajo
1 guindilla roja
100 g de queso parmesano
Aceite de oliva extra virgen
Sal y pimienta negra recién molida

1. Cortar los calabacines a lo largo en 4 trozos. Desechar la parte más interior de las semillas. Cortarlos en tiras finas con una mandolina o con un cuchillo bien afilado.

2. Cortar los ajos en láminas finas y picar la guindilla, y ponerlos a dorar en una cazuela a fuego suave con 5 cucharadas de aceite, con cuidado de que el ajo no se tueste en exceso porque amarga (tiene que quedar ligeramente dorado y crujiente).

3. Retirar los ajos y la guindilla, subir el fuego, añadir los calabacines y rehogarlos hasta que se ablanden. Salpimentar y servir con queso recién rallado por encima.

NOTA DEL COCINERO Si se quieren hacer todavía más ligeros, machacar un diente de ajo y la guindilla en un mortero, mezclarlos con aceite de oliva y aliñar los calabaguetis con la mezcla.

MÚSICA PARA GUISAR Jónsi, *Go* (2010).

8. VERDURAS EN SALSA VERDE CON CUSCÚS

Cuando estás hasta el gorro de las judías verdes y el brócoli hervidos, una receta igual de ligera pero con nuevos ingredientes y técnicas de cocinado puede ser la salvación. Estas verduras con cuscús no sólo son fáciles, sabrosas, veraniegas y dietéticamente ultracorrectas, sino que pueden sacar de la rutina a las personas que viven en una permanente *operación bikini*.

Las verduras de la receta son brócoli y judías, pero se pueden añadir calabacines, zanahoria, pimiento o patata, o incluso unos garbancillos cocidos. Lo mismo digo de la hierba elegida: a diferencia de la salsa original, que lleva albahaca, yo he usado cilantro para hacerla todavía más fresca y almonada, pero si no gusta se puede pensar en otras opciones como la hierbabuena, el eneldo o el estragón.

☠ **DIFICULTAD** Para ineptos.

INGREDIENTES

Para 4 personas
400 g de judías verdes, a poder ser de las cilíndricas (si no, no pasa nada)
400 g de brócoli
300 g de cuscús
1 cebolleta
1 diente de ajo (opcional)
4 cucharadas generosas de cilantro fresco picado (½ manojo aproximadamente)
2 cucharadas de perejil picado
2 cucharadas de alcaparras

2 cucharaditas de mostaza
1 limón
Aceite de oliva extra virgen
Sal

1. Picar la cebolleta y ponerla a remojo en el zumo del limón, para que pierda fuerza y no repita.

2. Mientras tanto, preparar el cuscús siguiendo las instrucciones del paquete (normalmente se hace al vapor o añadiéndole agua hirviendo con un poco de aceite o mantequilla, dejándolo que se haga unos 8 minutos removiendo de vez en cuando). Reservar.

3. Quitar los extremos a las judías verdes. Si son de las planas, quitarles las hebras de los dos lados y cortarlas verticalmente para que queden tiras más finas. Cortar el brócoli dejando flores pequeñas sueltas, y picando en trozos de 1 cm de grosor los troncos si se quieren aprovechar.

4. Poner en un robot de cocina o en un vaso para batidora la mostaza, el cilantro, el perejil, las alcaparras, la cebolleta, una cucharadita del zumo de limón en el que la hemos tenido, unos 50 ml de aceite y una pizca de sal. Triturar. Si se quiere, se puede triturar también con el ajo, quitándole el brote del interior, o dejarlo madurando en la salsa para que le dé algo de sabor y retirarlo luego.

5. Untar las verduras con aceite por separado en sendos platos. Poner una sartén a calentar a fuego medio, y cuando esté, añadir las judías. Saltearlas un par de minutos y añadir por encima el brócoli. Dejar un

minuto, salar, añadir 4 cucharadas de agua y tapar. Cocer unos 5 minutos removiendo de vez en cuando. Destapar y dejar que se haga un par de minutos más. Probar las judías y el brócoli; si están todavía muy duros, dejar otro par de minutos. Sacar las verduras con una espumadera.

6. Mezclar las verduras con la salsa verde. Servirlas en una fuente o en los platos sobre el cuscús, decoradas con un poco más de perejil o de cilantro si se quiere. Se pueden tomar calientes o a temperatura ambiente, aunque a mí me gustan templadas.

 NOTA DEL COCINERO La receta se puede transformar en una ensalada de pasta, sustituyendo el cuscús por macarrones o lacitos y picando más las verduras.

MÚSICA PARA GUISAR Air, *Moon safari* (1998).

Los ilustrados en cuestiones avícolas sabrán que los picantones no son otra cosa que pollos sacrificados de bebés. Suelen pesar menos de medio kilo, por lo que son más manejables y rápidos de hacer que sus hermanos mayores. La mayor virtud de estos adorables animalitos es su carne tierna, aunque sus detractores dicen que son poco sabrosos. A mí personalmente me encantan, porque están a medio camino entre el pollo y la codorniz en cuanto a cantidad de chicha.

La receta está basada en una de Nigella Lawson, cocinera y comunicadora británica de la que soy fan absoluto. En su fantástico —y un tanto fantasioso— mundo culinario todo es fácil y divertido, y a la vez tremendamente voluptuoso. Nigella vibra de placer cada vez que huele un asado recien hecho o lame una cuchara llena chocolate o de nataza, y desde luego no hay nadie como ella a la hora de fingir orgasmos gastronómicos ante las cámaras. También tiene un punto maligno que me encanta, y que Tim Burton supo ver bien cuando se inspiró en ella para crear la Reina Blanca de su *Alicia en el país de las maravillas*.

Mi versión del plato incorpora la mandarina para darle un punto más dulce, lleva vino de Jerez y cambia un poco las especias y los tiempos y temperaturas de horno. También doy la vuelta a los picantones para que se doren por todos lados: Nigella no lo hace y le quedan perfectos... pero esas cosas sólo pasan en la tele.

⊡ DIFICULTAD Para tarugos.

Para 4 personas

4 picantones
2 limones pequeños
2 mandarinas pequeñas
2 dientes de ajo
100 ml de jerez seco
1 cucharadita de tomillo seco
1 cucharadita de pimentón picante (dulce si se prefiere, o mitad y mitad)
1 cucharadita rasa de canela
1 cucharadita de semillas de hinojo (en su defecto, ½ de comino)
½ cucharadita de azúcar
Aceite de oliva
Sal y pimienta negra

PREPARACIÓN

1. Precalentar el horno a 180 grados.

2. Untar los picantones con un poco de aceite, salpimentarlos generosamente y ponerlos en una fuente de horno en la que queden juntos.

3. Cortar los limones y las mandarinas en 8 trozos. Meterlos entre los picantones. Hacer lo mismo con los dientes de ajo sin pelar.

4. Mezclar en un bol pequeño el tomillo, el pimentón, la canela, las semillas de hinojo y el azúcar. Espolvorear la mezcla por los picantones. Hornear 20 minutos.

5. Sacar la fuente del horno y mojar los picantones con el Jerez. Darles la vuelta y hornear otros 20 minutos.

6. Sacar la fuente del horno y volver a darles la vuelta a los picantones. Subir la temperatura a 200 grados y hornear 20 minutos más hasta que estén dorados y la carne esté hecha. Si la salsa es abundante y está muy líquida, sacar los pollos, la fruta y los ajos con una espumadera, y volver a meter al horno la fuente para que reduzca unos 10 minutos. Mientras, tener los picantones reposando tapados con papel de aluminio.

7. Servir los picantones enteros o troceados con la fruta y los ajos con la salsa por encima, acompañados de patatas asadas, cuscús o ensalada.

NOTA DEL COCINERO Para aligerar la salsa, lo mejor es dejar que repose. La grasa quedará flotando arriba y se podrá quitar con una cuchara.

MÚSICA PARA GUISAR Lou Reed, *Transformer* (1971).

Poner café entre los condimentos de una carne a la plancha puede parecer un disparate, pero os aseguro que es una gran idea: el saborcillo entre tostado y ligeramente amargo que le da, combinado con el de otros ingredientes, saca de la vulgaridad a la ternera más sosa y hormonada. Aunque me encantaría poder tirarme el pisto y decir que esta genialidad se me ha ocurrido a mí, la he aprendido en la web Serious Eats, que recomiendo a todos los que chapurreéis un poco de inglés culinario.

Aconsejado por el *master* de una de mis carnicerías favoritas de Barcelona (Rubio-Francisco, al lado del Mercado de la Libertad), la pieza de carne que uso se llama medallón. En mi supina ignorancia vacuna, siempre había pensado que medallón era un trozo redondeado sin más, pero no. Supongo que se podrá hacer lo mismo con otros cortes del bicho, siempre que sean tiernos y adecuados para un asado rápido y a fuego vivo. La receta no tiene complicación ninguna, se prepara en medio minuto y es de esas que parece que sabes un montón de cocina.

🎲 DIFICULTAD Para gente que lo único que sabe es meter una pizza Findus en el horno.

INGREDIENTES

Para 4 personas

800 g de medallón de ternera
2 cucharaditas de café molido
1 cucharadita de pimienta de Cayena
1 cucharada de pimienta negra

2 cucharadas de azúcar moreno
1 cucharadita de sal
Aceite de oliva

PREPARACIÓN

1. Precalentar el horno a 200 grados.

2. Mezclar en un plato hondo el café, las pimientas, el azúcar y la sal. Embadurnar la pieza de carne con un poco de aceite, y rebozarla bien en la mezcla anterior.

3. Poner una sartén de fondo grueso, a poder ser de hierro, a calentar a fuego medio-fuerte. Cuando esté bien caliente, marcar la carne medio minuto por cada lado.

4. Meterla al horno 5 minutos.

5. Sacarla y envolver la pieza en papel de aluminio y dejar reposar unos 5 minutos para que se repartan los jugos de la carne. Filetear y servir con ensalada verde.

NOTA DEL COCINERO La misma técnica y marinado se pueden usar con otras piezas de carne más gruesas, alargando el tiempo de asado en el horno.

MÚSICA PARA GUISAR Kraftwerk, *The man machine* (1978).

Las naranjas, los pomelos y las mandarinas hay que tomarlos en su temporada, que es el invierno. Ya sé que cítricos hay todo el año, pero a mí me gusta comer frutas que no se hayan pasado medio milenio en una cámara frigorífica bien recubiertas de tratamientos químicos.

La idea de esta ensalada parte de una receta que vi hace tiempo en una web anglosajona, pero que he sido incapaz de volver a encontrar para citarla. Recuerdo que mezclaba cítricos y que los aliñaba con un almíbar hecho con miel y hierba limonera. A partir de ahí, el resto es cosecha propia.

El postre no puede ser más refrescante, y su única pega es la posible DIFICULTAD de encontrar diferentes tipos de fruta. Pero no desesperes: con naranja y mandarina, a secas, también está buenísimo.

DIFICULTAD Bajo cero.

INGREDIENTES

Para 4 personas

1 naranja

1 pomelo

1 naranja sanguina (estos cítricos se pueden sustituir por otros al gusto)

1 mandarina (a poder ser grande)

1 lima

100 ml de miel

1 vaina de vainilla (o ½ cucharadita de extracto)

1 rama de hierba limonera (opcional; se vende en tiendas de comida oriental)

Menta (opcional)

1. Pelar las naranjas y el pomelo a lo vivo para obtener los gajos limpios: con un cuchillo afilado, hacer primero dos cortes en la base y en la parte superior de la naranja. Apoyarla sobre la tabla e ir haciendo cortes verticales para quitarle toda la piel. Finalmente, hacer cortes en cuña para sacar los gajos.

2. Reservar el jugo que hayan desprendido las frutas y el obtenido de estrujar las peladuras y el pellejo.

3. Pelar la mandarina y sus gajos.

4. Poner en una cazuela pequeña el zumo, la miel, las semillas de la vainilla y la propia vaina, y la hierba limonera si se tiene. Darle un hervor hasta que se disuelva bien la miel y dejar enfriar tapado. Si no se ha usado hierba limonera, ponerle unas gotitas de zumo de lima.

5. Repartir la fruta en cuatro vasos y bañarla con el almíbar colado. Espolvorear un poco de ralladura de lima, decorar si se quiere con un poco de menta, y servir.

NOTA DEL COCINERO El almíbar de miel y lima se puede usar también para endulzar una naranjada o limonada o para acompañar otras frutas.

MÚSICA PARA GUISAR Scissor Sisters, *Scissor Sisters* (2003).

Los albaricoques entran en temporada a finales de la primavera. Lo que no significa que entonces sea fácil conseguirlos buenos. No sé si es la mala suerte, o que no tengo ojo para este producto, pero más de una vez me he llevado a casa unas bolas sosas y farináceas bajo el nombre de esta fruta.

Para animarlos cuando están un poco aburridos me inventé esta forma de prepararlos, que los revive de manera sorprendente, gracias a la cremosidad del yogur griego, la dulzura de la miel, el ácido de la mermelada y el toque tostado y exótico del tahini (pasta de sésamo). Y si los albaricoques son jugosos y sabrosos, seguro que será mucho mejor.

DIFICULTAD Para necios.

INGREDIENTES

Para 4 personas

12 albaricoques grandes
250 g de yogur griego
3 cucharadas de miel líquida
1 cucharadita de tahini (en su defecto, 2 cucharadas de sésamo tostado en la sartén)
Mermelada de albaricoque

PREPARACIÓN

1. Mezclar la miel con el tahini o el sésamo en un bol. En otro, poner el yogur griego, batirlo bien, y añadirle en espiral la mezcla de miel

y tahini. Removerlo ligeramente con un batidor, sin marearlo demasiado.

2. Cortar los albaricoques en vertical y quitarles el hueso. Marcarlos por el lado de la carne en una sartén a fuego medio con una gota de aceite un par de minutos, para que suban de sabor.

3. Ponerlos en una fuente con el borde un poco alto, de forma que quepan todos boca arriba y se sujeten los unos a los otros.

4. Llenar el huequecito del hueso con un poquito de mermelada. Cubrir cada medio albaricoque con una cucharada bien colmada de la mezcla de yogur, miel y tahini. Decorar con otra gotita de mermelada.

NOTA DEL COCINERO La mermelada se puede sustituir con albaricoques secos, picados y rehidratados al fuego con un chorrito de agua y otro de zumo de limón.

MÚSICA PARA GUISAR Varios, *BSO The Royal Tenenbaums* (2001).

cocina
heavy
metal

La primera vez que haces un plato no suele salir perfecto. Y si hay alguna masa que hornear por medio, la probabilidad de fracaso aumenta de forma exponencial. Por eso, y aunque no es muy complicada de hacer, esta empanada de reineta, cabrales y nueces es para aprendices de cocinero tenaces, de los que no se desaniman con los fiascos. Y también para iniciados en el mundo de las farináceas y las levaduras, claro.

Mi experiencia iniciática con ella fue, digamos, desigual. El relleno y la presentación no estaban mal, pero me pasé caramelizando la escalonia y quedó demasiado dulce. La capa de arriba, impecable, pero la de abajo era un tocho que no había Dios que lo comiera: seco, grueso, terroso; con un trocito que te metieras en la boca te quedabas de inmediato sin saliva.

Consulté con mi cuñada May, que es la que me pasó la receta, y me dio las claves para evitar este desastre. Primero, no ratear con el aceite en la masa: por definición, tiene que ser tirando a grasienta. Segundo, tratar que la capa de abajo sea muy fina, y la de arriba, algo más gruesa, porque siempre se hace antes.

💀 DIFICULTAD Complicadita.

INGREDIENTES

Para 6 personas
Masa
500 g de harina
1 sobre de levadura de panadería (marca Maizena, por ejemplo)
200 ml de agua

1 cucharadita de sal
Aceite de oliva

Relleno
2 manzanas reinetas
200 g de cabrales
4 cucharadas soperas de maíz dulce
4 escalonias (o dos cebollas medianas)
30 g de nueces
50 ml (chorrito) de whisky
15 cucharadas de aceite de oliva
30 g de mantequilla
Sal y pimienta

PREPARACIÓN

1. Rehogar las escalonias picadas finas en el aceite y la mantequilla durante unos 15 minutos a fuego suave-medio. Añadir la manzana cortada en daditos y el maíz y hacer 3 minutos más. Mojar con el whisky y flambear o reducir hasta que no huela a alcohol. Sacar del fuego y retirar buena parte de la grasa, y reservarla.

2. Añadir al relleno las nueces y el queso, y mezclar sin marear demasiado. Reservar.

3. Preparar la masa mezclando la harina, la levadura y la sal. Añadir 12 cucharadas de la grasa del relleno; si falta, completar con más aceite de oliva. Ligar con el agua (importante: tiene que estar templada porque si no se carga la levadura, y puede que no haga falta echarla toda) y amasar bien hasta que quede una masa elástica.

4. Añadirle 3 cucharadas más de aceite y seguir amasando hasta que esté completamente ligada. Untar de aceite un bol y dejar allí levando la masa durante una hora, tapada con un trapo o con film (pero sin apretar para que pueda crecer).

5. Precalentar el horno a 200 grados.

6. Volver a amasar para quitarle el aire, y cortarla en dos partes, una un poco más grande que la otra. Extender bien el trozo grande con rodillo, hasta que quede un rectángulo de masa fina.

7. Acostar sobre una bandeja de horno cubierta con papel de hornear. Extender sobre ella el relleno sin que cubra los bordes, y taparlo con el resto de masa estirada con rodillo. Ir plegando poco a poco el borde de la masa de abajo sobre la de arriba, metiendo un dedo entre ambas y apretando la masa inferior sobre la superior con un dedo de la otra mano (así quedará el borde típico ondulado de las empanadas gallegas).

8. Con un cuchillo pinchar de forma simétrica la tapa de arriba para que no explote. Pintar con huevo batido y hornear unos 35 minutos.

🕱 NOTA DEL COCINERO Si no gusta el queso muy potente, es mejor hacerla con gorgonzola en vez de con cabrales.

🕱 MÚSICA PARA GUISAR PJ Harvey, *Stories from the city, stories from the sea* (2000).

2. POCHAS CON CHORIZO, TOCINO Y MORCILLA

Las pochas son, en mi humilde parecer, la máxima perfección en las legumbres. Para mí estas alubias blancas frescas, tiernas, cremosas y con un sabor delicadísimo no tienen parangón. Era uno de los platos favoritos de mi padre, natural de Haro, y creo que en algún cromosoma debo de llevar impreso el fanatismo por este clásico de la cocina riojana y navarra.

Las pochas presentan varias ventajas respecto a la alubia seca: se hacen enseguida y es raro que se encallen, y además no resultan tan pesadas. Eso sí, son difíciles de encontrar fuera de temporada (verano) y lejos de La Rioja, Navarra y regiones limítrofes. Una alternativa más que digna son las pochas congeladas: en casa de mi madre se consumían durante todo el año y salen buenísimas.

La receta que propongo es un mix de la de mi madre y la de mi cuñada May. Lleva chorizo, morcilla y tocino, pero se pueden hacer sólo con las verduras si eres vegetariano. Es relativamente ligera: el truco está en precocer los sacramentos para liberarlos del exceso de grasa, y en echar directamente las verduras al potaje sin rehogarlas antes para evitar añadir más aceite.

Otra recomendación inteligente para que tu cerebro funcione después de la jamada es tomarlo como plato único, a lo sumo con alguna ensalada o un entrante muy ligero. Con las pochas y el cerdo ya estamos ingiriendo proteínas, hidratos y grasas, y nuestro cuerpo no necesita mucho más. Los tragaldabas de mi tierra pensarán que soy una enclenque damisela por decir esto, pero siempre he pensado que meterse un chuletón después de unas legumbres es una auténtica salvajada.

🏴 DIFICULTAD   La de encontrar las pochas.

Para 4-6 personas, dependiendo del saque que tengan

500 g de pochas (pueden ser congeladas)
1 morcilla (unos 150-200 g)
1 chorizo riojano dulce o picante (unos 150-200 g)
1 trozo de tocino (unos 150-200 g)
1 cebolla
1 puerro mediano
2 zanahorias medianas
1 pimiento verde
2 dientes de ajo
2 cucharadas de tomate frito
1 hoja de laurel
1 rama de perejil
Aceite de oliva
Sal
Guindillas verdes en conserva (opcional)

PREPARACIÓN

1. Poner el tocino a cocer cubierto de agua en una cazuela a fuego muy suave, hasta que esté bien tierno y casi se deshaga (unas 2-3 horas).

2. Pelar la cebolla y las zanahorias. Lavar el pimiento y quitarle el troncho. Lavar el puerro con cuidado de que no tenga tierra entre las hojas. Poner todas las verduras, el ajo y el perejil en una redecilla para cocer (si no se tiene, no pasa nada, pero es más cómodo para sacarlas luego).

3. Poner las pochas y las verduras en una olla grande y cubrirlas de agua. Añadir el tomate frito, un chorretón de aceite de oliva y una pizca generosa de sal. Cocer a fuego suave durante 30 minutos (si se hacen en la olla a presión, con unos 10 minutos suele bastar) o hasta que estén tiernas. Menear la olla de vez en cuando para que el caldo vaya espesando. Hay que vigilarlas por si se quedan cortas de líquido: en ese caso, ir añadiendo vasitos de agua siempre fría.

4. Mientras tanto, poner la morcilla entera y el chorizo cortado en trozos grandes con la parte verde del puerro y la hoja de laurel. Cubrir con agua fría y cocer durante media hora a fuego muy suave y casi sin que hierva.

5. Sacar las verduras desechando el perejil, y triturarlas con un pasapurés. Se puede hacer con batidora, lo único que el color se pone un poco eléctrico. Añadirlas de nuevo a la olla.

6. Sumar el tocino, el chorizo y la morcilla bien escurridos, y dejar hacer 10 minutos más, añadiendo algo de agua si es necesario. El caldo debe quedar ligado pero no demasiado espeso, y debe ser abundante. Si está muy líquido, se pueden sacar y triturar 2 o 3 cucharadas de pochas y añadirlas para que espese. Corregir de sal y servir bien caliente acompañado de un plato con las guindillas para que se ponga el que quiera.

NOTA DEL COCINERO Las pochas se pueden sustituir por alubias secas, poniéndolas a remojo el día anterior y alargando el tiempo de cocción a 1-2 horas. Y recuerda que una morcilla cutre, un chorizo cutre o un tocino cutre dan como resultado un cocido cutre.

MÚSICA PARA GUISAR The Flaming Lips, *Yoshimi battles the pink robots* (2002).

3. MILHOJAS DE BERENJENA, PATATA Y CHISTORRA

Este milhojas partió de la peregrina idea de hacer una especie de musaka griega que sustituyera la carne picada con chistorra, esa maravillosa variante salchichera del chorizo. Al final acabó pareciéndose más a una parmesana italiana en versión vasca. En cualquier caso, el frankenstein multicultural resultó delicioso, porque la cremosidad de la berenjena le va fenomenal a la siempre imbatible combinación de patata y embutido rojo.

Las personas que estén en la *operación bikini* deberán optar por una variante *light metal*, pasando las berenjenas por la plancha, cociendo las patatas al vapor y precociendo la chistorra para que suelte grasaza. Los tibios de corazón pueden freír sólo las berenjenas y hacer los otros dos pasos adelgazantes. Eso sí, los valientes militantes de la *operación otoño, me paso la operación bikini por el...*, elegiremos siempre la fritanga total.

☠ **DIFICULTAD** Para mentecatos.

INGREDIENTES

Para 4 personas
2 berenjenas grandes
3 patatas medianas
250 g de chistorra
100 g de queso manchego rallado
Aceite de oliva
Sal

1. Cortar las berenjenas en rodajas de medio centímetro aproximadamente. Salarlas, dejarlas escurriendo una media hora y secarlas con papel de cocina. Freírlas en aceite de oliva abundante en tandas, sin que se amontonen para que queden bien doradas. Escurrirlas sobre papel de cocina, corregir de sal y reservar.

2. En el mismo aceite, freír las patatas cortadas en láminas finas, también en tandas. Escurrir sobre papel de cocina, salar y reservar.

3. Quitarle la piel a la chistorra y pasarla por la plancha o sartén bien caliente un par de minutos. Desechar toda la grasa que suelte.

4. Precalentar el grill del horno. En una fuente de horno disponer capas de berenjena, patata y chistorra, terminando con una de berenjena. Espolvorear con el queso y gratinar (4-5 minutos). Servir inmediatamente.

NOTA DEL COCINERO Una mandolina (máquina de los dioses que permite cortar en láminas finas) ayuda mucho en esta receta. Si no, cuchillo afilado y paciencia.

MÚSICA PARA GUISAR The Pains of Being Pure at Heart, *Belong* (2011).

4. GRATINADO DE PATATA, BONIATO Y SETAS

Las setas son el gran acontecimiento del otoño. Yo no me privo de probar distintas variedades cada vez que voy al mercado y la pintaza que lucen en esa época, o de mezclar tipos diferentes en el mismo plato.

Esta receta está inspirada en una que vi en la revista *Waitrose Kitchen*, que editan los supermercados Waitrose del Reino Unido. Si vais por allí, os recomiendo que os hagáis con una, y de paso la comparéis con cualquiera de las publicaciones de los *hipers* de aquí. No soy de los papanatas que desprecian lo español y admiran sólo lo extranjero, pero en este caso, la diferencia es tanta como la que media entre un tomate frito casero y una lata de Orlando.

DIFICULTAD Si sabes pelar un boniato, podrás.

INGREDIENTES

Para 4-6 personas (dependiendo si se toma como entrante o como guarnición)

400 g de patata

400 g de boniato (en su defecto, más patata)

250 g de setas variadas (mitad champiñones, mitad trompetas de la muerte, pero valen otras combinaciones)

1 diente de ajo

400 ml de leche entera

200 ml de nata líquida de buena calidad

30 g de mantequilla blanda

100 g de gruyere o cualquier queso que funda bien

½ cucharadita de tomillo seco

Sal, pimienta negra recién molida y nuez moscada

1. Poner agua abundante con sal a hervir. Pelar y cortar los boniatos y las patatas en rodajas finas con un pelador o una mandolina. Escaldarlos en el agua hirviendo y, en cuanto vuelva a estar en ebullición, sacar y pasar por agua fría. Escurrir bien y dejar sobre papel de cocina o un trapo limpio para que se sequen.

2. Precalentar el horno a 180 grados. Limpiar las setas con un cepillito o pasándolas por agua el menor tiempo posible. Cortar los champiñones en láminas.

3. Untar una fuente de horno con la mantequilla, y repartir el ajo picado fino sobre ella. Extender las patatas en la fuente, ponerles pimienta recién molida abundante, el tomillo y sal. Repartir las setas por encima y volver a salpimentar. Acabar con una capa de boniatos y un poquito de nuez moscada.

4. Poner la leche con la nata a calentar en un cazo, y en cuanto hierva, verterla sobre los boniatos y las setas. Espolvorear con el queso y hornear durante una hora y media. Si el queso se pone muy dorado demasiado rápido, cubrir la fuente con papel de aluminio.

 NOTA DEL COCINERO Se puede tomar de entrante o como acompañamiento a cualquier carne. Y si se recalienta, hacerlo en el horno y añadiendo un poco más de leche para que no quede seco.

MÚSICA PARA GUISAR Papas Fritas, *Buildings and grounds* (2000).

5. POLLO CON GORGONZOLA, NARANJA Y PIMENTÓN

Llámalo perversión, pero me encantan las recetas que vienen en las tabletas de chocolate, en las cajas de pasta o en cualquier envase de comida. Y también las de los folletos que promocionan cualquier producto o región, de la ternera del Pirineo al vinagre de Cádiz. Sé que en muchas ocasiones son aburridas, poco detalladas y están mal escritas. Y que su resultado es una lotería. Pero soy incapaz de resistirme a ellas y cedo sin remedio a este truco de mercadotecnia.

Esta receta está basada en una de un folleto sobre el gorgonzola con el que me hice en un Madrid Fusión, lleno de platos apetecibles y, como no podía ser de otra forma, fatal explicados. Yo he hecho mi particular adaptación cambiando algunos procesos e ingredientes, pero creo que el espíritu del plato está respetado.

Unos consejos: si es posible, usa pollo de corral. La receta va con piel, y las aves de fábrica acumulan allí todas las cosas malas que comen. Recuerda que los huesos se pueden usar para hacer un caldo de pollo casero. Y si no encuentras gorgonzola, una opción es poner roquefort o cabrales mezclado con algún queso cremoso de vaca más suave.

🎲 **DIFICULTAD** Baja.

INGREDIENTES

Para 4 personas
4 muslos de pollo de corral (contramuslo incluido) deshuesados pero con piel
200 g de queso gorgonzola
4 hojas de salvia grandes (u 8 pequeñas)
100 ml de vino blanco seco

100 ml de zumo de naranja
2 dientes de ajo
1 cucharada de pimentón dulce
1 cucharada de pimentón picante (se puede usar más dulce,
    si no gusta el picante)
Aceite de oliva
Sal y pimienta negra

PREPARACIÓN

1. Precalentar el horno a 180 grados.

2. Extender las patas de pollo en una bandeja o fuente con la piel hacia abajo. Quitarles los posibles trozos duros o cartilaginosos que haya dejado el carnicero con unas tijeras. Salpimentarlas y repartir el queso gorgonzola y la salvia en la parte central.

3. Cerrarlos formando un rulo y atarlos bien con palillos o con un cordel. Es importante que estén bien cerrados en los extremos, para que salga la menor cantidad de queso posible.

4. Embadurnarlos bien con el pimentón y ponerlos en una fuente de horno. Mojarlos con un chorrito de aceite, el vino y el zumo de naranja, y añadir los ajos cortados en láminas. Hornear 15 minutos a 180 grados, y luego bajar la temperatura a 160. Dejarlo entre 20 y 30 minutos más (depende del tamaño de los muslos; cuanto más grandes, más tiempo), hasta que estén bien dorados pero no quemados.

5. Sacar los muslos a un plato, taparlos con papel de plata y mantenerlos al calor en el horno apagado y un poco abierto (si es que se van a comer al momento; si no, se pueden recalentar después con la salsa).

6. Mientras, pasar el líquido de cocción a una cazuela pequeña y darle un hervor para que ligue, desechando los ajos. Si está muy líquida, dejarla reduciendo un poco hasta conseguir la densidad de salsa. Corregir de sal.

7. Cortar los rollos en rodajas de 2-3 cm, y servir con la salsa caliente por encima.

NOTA DEL COCINERO Para intensificar el sabor a naranja, introducir una cortada en cuartos en el horneado.

MÚSICA PARA GUISAR The Box Tops, *Dimensions* (1969).

Las albóndigas son un plato humilde que ningún finolis pediría jamás en un restaurante. Esta supuesta vulgaridad las ha mantenido fuera de muchas cartas y también de algunas casas, cuando en mi opinión son una de las estrellas de la cocina española. Una buena albóndiga, como las que se han hecho en mi casa toda la vida, no tiene nada que envidiar al mejor solomillo.

La idea de añadir un poco de chorizo en la masa de las albóndigas la aprendí en la Escuela Hofmann de Barcelona, a la que tengo que aplaudir por su respeto a la cocina tradicional y su manera de refinarla y adaptarla a los tiempos modernos. Tras hacerla varias veces, le he rebajado la cantidad del embutido porque como es tan potente para mí gana demasiado protagonismo. Pero el punto que le da a la carne es todo un hallazgo, dándole una nueva vuelta de tuerca a un plato que has comido toda la vida.

DIFICULTAD Son fáciles, pero cansinas de hacer.

INGREDIENTES

Para 4 personas

400 g de carne picada (puede ser 300 de ternera y 100 de cerdo, según guste)
100 g de chorizo fresco, o no muy curado
200 g de tomate triturado o picado sin piel ni semillas
2 zahanorias
1 pimiento verde
3 cebollas
2 dientes de ajo

1 rebanada de pan blanco de molde
1 huevo
1 vaso de vino blanco (250 cl)
Perejil picado
Tomillo
Harina
Leche
Azúcar
Sal y pimienta

PREPARACIÓN

1. Preparar el sofrito poniendo a rehogar la cebolla y la zanahoria picadas con un chorro de aceite, hasta que estén muy blandas y dulces (unos 20 minutos). Añadir los dientes de ajo y el pimiento picado a mitad de la cocción.

2. Mientras, quitar la corteza al pan y mojarlo en leche en un plato hondo. Picar el chorizo en trozos pequeños y mezclarlo con la carne, el pan deshecho, el huevo, un puñado de perejil picado y una pizca de tomillo. Salpimentar y dejar madurar en la nevera al menos un par de horas.

3. Añadir el tomate al sofrito y dejarlo cocer a fuego lento durante 30 minutos, la mitad del tiempo tapado, y la otra mitad, destapado, vigilando que no se queme. Salpimentar y probar: si está muy ácido, agregar una cucharadita de azúcar y hacer unos minutos más. Añadir el vino y dejar que reduzca unos 3 o 4 minutos. Retirar los dientes de ajo, o deshacerlos y mezclarlos con la salsa si se busca un sabor más intenso.

4. Preparar un plato hondo con harina, otro con papel absorbente, y poner aceite abundante en una cazuela, sartén o freidora. Ir formando

bolitas con la carne, ayudándonos de una cuchara para calcular la cantidad, rebozarlas en harina y freírlas en el aceite caliente. Mantenerlas poco tiempo: que simplemente se doren, pero sin hacerse del todo por dentro. Escurrirlas en el plato con papel.

5. Añadir las albóndigas al sofrito de tomate, mojar con ¼ litro de agua y cocer a fuego lento unos 30 minutos. Si la salsa espesara demasiado, agregar un poquito más de caldo. Corregir de sal.

NOTA DEL COCINERO Los guisantes van bien con esta salsa, y se pueden añadir unos 10-15 minutos antes de terminar la cocción.

MÚSICA PARA GUISAR The Specials, *The Specials* (1979).

7. SALCHICHAS CON CEBOLLITAS Y OPORTO

Las buenas salchichas de carnicería no tienen nada que ver con los desechos de carne triturados, embutidos y precocidos que se venden empaquetados en plástico, y que tan mala fama le han dado a este alimento. Una salchicha hecha con carne de calidad y condimentada con gracia es un pequeño manjar, tanto como ingrediente de acompañamiento en una pasta o un arroz, como en un papel protagonista.

Esta receta se sale de lo habitual —la plancha o la sartén— y cuece las salchichas en el horno bañadas en oporto, aromatizadas con pimienta roja y acompañadas por unas fantásticas cebollitas impregnadas de salsorra.

⚙ **DIFICULTAD** Nula.

INGREDIENTES

Para 4 personas
800 g de salchichas de carnicería de calidad
500 g de cebollitas
3 hojas de laurel
300 ml de oporto
1 cucharada de semillas de cilantro (opcional)
Aceite de oliva
Sal

PREPARACIÓN

1. Precalentar el horno a 160 grados.

2. Poner agua a hervir en una cazuela. Escaldar un minuto las cebollitas, pasarlas por agua fría y pelarlas.

3. Colocar las salchichas, las cebollitas, las hojas de laurel rotas y las semillas de cilantro en una fuente de horno. Echarles un chorro de aceite (unas dos cucharadas) y embadurnarlo todo con la grasa. Salar con moderación y mojarlo con el oporto.

4. Introducir la fuente tapada con papel de aluminio y hornear 30 minutos. Sacar entonces las salchichas y reservarlas tapadas, y remover las cebollitas y volver a meterlas al horno sin cubrir. Dejar 45 minutos más hasta que estén bien hechas.

5. Sacar las cebollitas, pasar el líquido de cocción a una cazuela pequeña y dejar reposar un poco para que la grasa suba a la superficie. Desengrasar con una cuchara. Poner al fuego para reducir un poco (tiene que quedar como un jarabe no demasiado denso). Poner las salchichas y las cebollitas de nuevo en la fuente y cubrir con la salsa. Servir caliente.

💀 NOTA DEL COCINERO Se puede variar usando butifarras o añadiendo zanahorias a la salsa.

🎧 MÚSICA PARA GUISAR Sr. Chinarro, *Presidente* (2011).

La participación de los usuarios es lo mejor de la cocina en internet. No es sólo que cualquier receta se enriquezca con las aportaciones, consejos o trucos que los lectores escriben en los comentarios. Es que a veces te salvan de cometer errores.

Este plato está basado en uno de la web de los *súpers* británicos Waitrose, y corregido gracias a sus fans, que se dieron cuenta de que la proporción de vino era excesiva y proponían rebajarla con caldo. Tenían más razón que un santo: así se logra que el sabor del primero no se coma a todos los demás, y que las lentejas queden bien hechas al cocerse con más agua y menos alcohol.

Con este pequeño cambio y algún otro de cosecha propia, el plato es una delicia. Al estar horneado durante tantas horas, la panceta pierde gran parte de su grasa, la corteza queda crujiente y la carne, muy melosa. No es la comida más ligera del mundo, pero resulta perfecta para un día de fin de semana invernal en el que te puedas echar la siesta después. Plato único, con una ensaladita de acompañamiento no necesita más.

DIFICULTAD Fácil, pero larguillo.

INGREDIENTES

Para 4 personas
800 g-1 kg de panceta fresca en una sola pieza, a poder ser ibérica
150 g de lentejas pardinas (las más pequeñas)
200 g de hinojo
100 g de apio
2 cebollas rojas grandes

1 cucharada de semillas de hinojo (en su defecto, ½ de comino)
4 dientes de ajo sin pelar
400 ml de vino tinto
500 ml de caldo de carne
4 ramitas de tomillo fresco
Sal y pimienta negra

PREPARACIÓN

1. Precalentar el horno a 250 grados.

2. Machacar las semillas de hinojo y mezclarlas con una cucharadita de sal y otra de pimienta. Impregnar la panceta con la mezcla, usando los dedos para que se quede bien pegada.

3. Pelar y cortar en gajos la cebolla. Desechar las capas exteriores del hinojo y cortarlo en juliana gruesa. Picar también en trozos de unos 2 cm el apio.

4. Poner toda la verdura bien agrupada, más el tomillo y los dientes de ajo sin pelar, en una fuente de horno. Colocar la panceta, con la piel hacia arriba, encima de las verduras, de tal forma que las tape (si no, se queman).

5. Asar durante 20 minutos y bajar la temperatura a 150 grados. Dejarlo 2 horas más. Sacarlo y desechar toda la grasa que haya soltado la panceta.

6. Añadir las lentejas, el vino y el caldo con un poco de sal, con cuidado de no mojar la corteza crujiente. Remover y volver a meter al horno. Subir la temperatura a 170 grados y dejar una hora más. Volver a

quitar con cuidado la grasa que flote con una cuchara. Probar entonces las lentejas: si no están hechas, dejar 20 minutos más.

7. Sacar del horno y dejar reposar 5 minutos. Desechar las ramas de
tomillo y los ajos. Corregir de sal las lentejas. Servir con la panceta
cortada en cuatro trozos, acompañada de las lentejas.

NOTA DEL COCINERO Sustituir el hinojo por rábanos y las
pardinas por lentejas rojas puede ser una variante interesante de
este plato.

MÚSICA PARA GUISAR New Order, *Singles* (2005).

9. FILETES CON MANTEQUILLA DE HIERBAS

Un filete a la plancha puede estar bueno, pero si lo tomamos con frecuencia acaba aburriéndonos más que el discurso de un rey. Una manera de espabilarlo es cocinarlo con una grasa especial que cubra con sus sabores la sosez innata a las carnes que comemos hoy en día.

La receta la aprendí en la Escuela Hofmann de cocina, donde la hacían con solomillo de cerdo. La gracia está en la mantequilla, que capta todos los aromas de las hierbas, la pimienta, la escalonia y la mostaza, y los une en un solo sabor muy particular. A mí me gusta especialmente el punto alimonado del estragón, hierba a la que cada día estoy más enganchado, pero si no la encontráis, usad la que tengáis a mano.

Ah, y aconsejo hacer el doble o más de cantidad de mantequilla de hierbas, y congelar lo que sobre para la siguiente vez. O para hacer unos canapés, por ejemplo.

⊠ DIFICULTAD No mucha más que un filete a la plancha.

INGREDIENTES

Para 4 personas
1 kg de filetes de presa de cerdo, a poder ser ibérica
100 ml de caldo de jamón o de cerdo
100 g de mantequilla blanda
1 cucharadita de mostaza
1 cucharada de zumo de limón
1 cucharada de estragón picado
1 cucharada de perejil picado
½ cucharadita de romero picado

1 cucharada de escalonia picada
½ cucharadita de pimienta negra
Aceite de oliva
Sal

PREPARACIÓN

1. Mezclar la mantequilla a temperatura ambiente con el zumo de limón, la mostaza, las hierbas, la pimienta y la escalonia picada, a la que previamente habremos sacado un poco el jugo aplastándola con una cuchara contra un colador. Reservar en la nevera una hora mínimo (se puede guardar varios días).

2. Calentar un poco de aceite en una sartén. Justo antes de que empiece a humear, pasar los filetes un par de minutos por cada lado. Salar y reservar cerca del calor.

3. Añadir el caldo a la sartén para desglasarla, rascando el fondo con una pala de madera. En cuanto evapore un poco, añadir la mantequilla. Remover bien hasta que se derrita y coja cuerpo.

4. Servir la carne con la salsa de mantequilla por encima.

NOTA DEL COCINERO Se puede guarnecer con un puré de patata o boniato, ensalada, o unos panecillos untados con más mantequilla de hierbas.

MÚSICA PARA GUISAR God Help the Girl, *God Help the Girl* (2009).

10. TOSTADAS DE CARNAVAL

Las tostadas de Carnaval, que se suelen comer en el País Vasco alrededor de esas fechas, son muy parecidas a las torrijas. En realidad, la única diferencia con algunas variantes de éstas es que nunca se bañan en almíbar y siempre se hacen con leche. Elucubro que su nombre tendrá algo que ver con la influencia francesa, puesto que de las aldeas galas viene la mundialmente conocida *french toast*, de parecida preparación pero distinto final: se terminan en la plancha, no fritas.

La tostada es de esos platos con pocos ingredientes y planteamiento muy sencillo, pero cuyo punto tiene su aquél. Tienen que estar muy cremosas por dentro, pero firmes por fuera, y para eso hay que empaparlas bien en leche, pero que no chorreen. Todo es cuestión de práctica, y a la que las haces un par de veces, salen solas.

En las panaderías vascas, y me imagino que de otras zonas, se venden unas barras especiales para tostadas de Carnaval. Es un pan denso, que lleva huevo y tiene un puntito dulce. Si no lo encuentras, no entres en pánico: se pueden hacer perfectamente con bollos suizos o pan normal, siempre que sea del día anterior. También se les puede echar limón o algún licor, pero a mí me gustan lo más simples posible.

🎲 DIFICULTAD Media: debes tener manos y no aletas.

INGREDIENTES

Para 4 personas
1 barra de pan para tostadas (o 3 bollos suizos, o pan normal del día anterior)
1 litro de leche entera, a poder ser fresca (pasterizada)
1 huevo

½ rama de canela y canela en polvo
Azúcar
Aceite de girasol

PREPARACIÓN

1. Cocer la leche con 5 cucharadas de azúcar y la rama de canela durante 10 minutos a fuego suave, con cuidado de que no suba. Dejar que se temple.

2. Cortar el pan en rebanadas de dos dedos de grosor. Repartirlas en una fuente baja y empaparlas con la leche templada, eliminando la canela.

3. Batir el huevo en un plato hondo. Preparar un plato con papel de cocina, y otro con azúcar mezclado con canela en polvo al gusto.

4. Calentar aceite abundante en una sartén. Escurrir muy ligeramente las tostadas sin apretarlas (¡tienen que conservar la leche, pero no chorrear!), pasarlas por el huevo ayudándose con unas palas o cucharas (o con la mano) y freírlas en el aceite muy caliente. Sacarlas al plato con papel para que pierdan el exceso de grasa.

5. Pasarlas finalmente por el azúcar con canela, y de ahí a la fuente en la que se vayan a servir. Están buenísimas calientes y a temperatura ambiente, pero mejor consumirlas en el día y que no pasen por la nevera.

NOTA DEL COCINERO Se pueden hacer variantes interesantes de las tostadas con panes con frutos secos. Recomiendo vivamente las de pan con pepitas de chocolate y naranja.

MÚSICA PARA GUISAR Radiohead, *Kid A* (2000).

11. BIZCOCHO CON FRUTOS SECOS Y ESPECIAS

Este bizcocho de frutos secos y especias, me gusta por varios motivos:

1. La cantidad de frutos secos es razonable, porque odio los bizcochos que parecen una bolsa de cóctel de Borges o de Eagle con un poco de harina.

2. Lo mismo con las especias: no puedo con ese tipo de repostería tan americana que huele a canela a 5 millas de distancia.

3. No es ni superdulce ni soso.

4. La cerveza negra y el bicarbonato hacen que sea muy esponjoso.

5. Absorbe muy bien el líquido cuando lo mojas en el Nesquik / Cola Cao / café.

🎮 DIFICULTAD Para lelos.

INGREDIENTES

Para 6 personas

30 g de avellanas

30 g de pasas

30 g de almendras crudas y peladas

30 g de nueces de macadamia

30 g de dátiles

3 huevos

150 g de azúcar

125 g de mantequilla pomada (muy blanda)

100 g de cerveza negra

100 ml de anís o pacharán

1 ½ cucharaditas de canela

Una pizca de nuez moscada

330 g de harina
3 cucharaditas de levadura Royal
1 ½ cucharaditas de bicarbonato
Una pizca de sal
Azúcar glas (opcional)

PREPARACIÓN

1. Picar los frutos secos y reservar.

2. Precalentar el horno a 180 grados.

3. Batir los huevos con el azúcar hasta que tengan un color amarillo pálido. Añadir la mantequilla blanda, la cerveza, el anís, la canela y la nuez moscada, y batir suave lo justo para que se mezclen bien.

4. Agregar la harina, la levadura, el bicarbonato y la sal y mezclar con una espátula. Incorporar los frutos secos y mezclar con suavidad. Verter la mezcla en un molde de *cake* previamente engrasado con mantequilla y enharinado.

5. Hornear durante 40 minutos aproximadamente. Comprobar si está hecho pinchando el centro con un cuchillo; si sale limpio, es que está. Se puede decorar con azúcar glas.

NOTA DEL COCINERO Para hacerlo definitivamente heavy metal, añadir 80 g de cacao en polvo.

MÚSICA PARA GUISAR REM, *Automatic for the people* (1992).

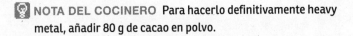

mundo
viejuno

1. SOPA DE TOMATE, HIGOS Y COMINO

Hay que aprovechar al máximo la temporada de los higos y de los tomates. Los primeros desaparecen para octubre de los puestos del mercado y de las tiendas, y los segundos se transformarán con el final del verano en unas bolas de cartón aguachado pintadas de rojo, traídas de Dios sabe qué invernadero.

Esta receta que junta ambos ingredientes con comino tostado está inspirada en una sopa de Fray Juan, histórico cocinero del Monasterio de Guadalupe (Cáceres). Alabado sea el Señor por haber permitido que tamaña delicia se cruzara en mi camino. La conjunción, conventual aunque de de inequívoca ascendencia moruna, es perfecta: simple, refrescante, equilibrada, ultrasabrosa... Está claro que este hombre tenía contactos con el Altísimo.

🎲 DIFICULTAD Para novicios.

INGREDIENTES

Para 4 personas
1 kg de tomates maduros frescos
400 g de tomates enteros de lata
8 higos frescos
100 g de higos secos
½ cebolla
1 pimiento
1 diente de ajo
2 cucharaditas de semillas de comino
1 cucharadita de azúcar
Aceite de oliva y aceite de oliva virgen extra

Sal
Pimienta

1. Tostar en una sartén a fuego suave las semillas de comino sin que se quemen, y machacarlas con un mortero hasta reducirlas a polvo.

2. Picar la cebolla, el pimiento, el ajo y los higos secos. Escurrir bien los tomates de lata y picarlos en grueso. Picar en trozos grandes el tomate fresco.

3. Dorar a fuego medio la cebolla y el pimiento en una cazuela con un buen chorretón de aceite. Salar y dejar que se haga unos 20-25 minutos, vigilando que no se quemen.

4. Cuando estén blanditos, añadir el ajo, y dorar 10 minutos más. Añadir dos terceras partes del comino y dejar que suelte aromas durante un minuto más. Añadir el tomate de lata y los higos secos y cocerlos a fuego lento durante una hora, moviendo de vez en cuando para que no se agarre.

5. Añadir el tomate fresco y la cucharadita de azúcar, y subir un poco el fuego hasta que hierva. Dejar entonces que se cueza 20 minutos más a fuego lento, hasta que el tomate se deshaga.

6. Pasar por el pasapurés, y añadir un poco de agua (unos 200 ml) hasta que tenga la densidad de una crema. Corregir de sal, pimienta y azúcar, si es que está ácida.

7. Pelar y picar en cubitos los higos frescos, y añadir la mitad a la sopa. Usar el resto como guarnición para cada bol o plato de sopa, echándo-

los por encima. Espolvorear de comino y echar un chorrito de aceite de oliva virgen.

 NOTA DEL COCINERO La receta también se puede hacer con brevas al principio del verano, aumentando un poco la cantidad de higos secos.

MÚSICA PARA GUISAR The Smiths, *Meat is murder* (1986).

2. SOPA RÁPIDA DE AJO Y GUINDILLA

La sopa de ajo es un gran creación de la comida pobre española. Con un poco de aceite, un chusco de pan seco y unos miserables dientes de ajo se puede hacer uno de los platos más sabrosos y reconfortantes que existen.

Aunque suene a viejuna y a palurda, esta sopa es ideal para los tiempos modernos, puesto que se hace en un pispás. Y además admite muchas variaciones a gusto del consumidor: se puede hacer con pan integral o de cereales, o añadirle huevo, embutido cortadito fino, jamón, hierbas, pimentón… lo que sea que vaya bien con el aroma a ajo frito.

En mi versión he añadido un poco de guindilla roja. El sabor del aceite de oliva, el ajo y la guindilla me recuerda lejanamente a las angulas que se comían en el cumpleaños de mi padre, allá por el Pleistoceno Superior. Pero si no gusta esta chispa de picante, se elimina y se acabó.

⚅ DIFICULTAD Para lerdos.

INGREDIENTES

Para 4 personas
4 dientes de ajo
1 guindilla roja seca
100 g aproximadamente de pan seco, a poder ser de buena calidad
1 litro de agua mineral
80 ml de aceite de oliva virgen extra
2 huevos (opcional)
Sal

1. Picar el ajo y la guindilla roja seca en trozos suficientemente grandes como para que se puedan retirar al tomar la sopa. Dorarlos en una cazuela grande con el aceite a fuego muy suave, para que vayan perfumándolo. Es importante que el ajo no se tueste, porque amarga: con que coja un color rubio claro es suficiente.

2. Trocear el pan en pedazos pequeños, de unos 2-3 cm, y rehogarlo en el aceite un par de minutos. Mojar con el agua, salar y dejar que hierva 4 o 5 minutos.

3. En este punto, se pueden hacer dos cosas, dependiendo de la textura que se busque: 1) si gusta cremosa, triturar la sopa, retirando antes o no los trozos de ajo y guindilla, o 2) dejarla tal cual. Yo voto por esta segunda opción, pero las dos están muy buenas.

4. Finalmente, si se quiere, se pueden añadir los huevos, cascándolos sobre la sopa y removiendo suavemente para que se vaya cuajando y quede en hilos. Corregir de sal y servir.

NOTA DEL COCINERO También corto el ajo en trozos lo suficientemente grandes como para que se puedan retirar, para que los delicados de estómago no sufran.

MÚSICA PARA GUISAR Cecilia, *Cecilia 2* (1973).

3. MACARRONES DEL CARDENAL

Desde que probé los macarrones del cardenal en la Fonda del Gaig, el restaurante tradicional / relativamente asequible de Carles Gaig en Barcelona, no paré hasta conseguir una receta de esta pasta a la catalana que data, al parecer, del siglo XIX. Gaig la rescató del recetario del gastrónomo Ignasi Doménech, y según él es uno de los platos con más éxito en su local.

Dar con la fórmula no fue fácil. Tras mucho buscar por internet, lo único que encontré fue una versión incluida en *La cuynera catalana* (1852), aquejada de la indefinición en ingredientes y tiempos propia de los libros de aquella época (y de muchos de ésta, dicho sea de paso). Hice un intento con ella y lo que salió estaba bueno, pero no tenía nada que ver con lo que yo había probado. Finalmente di con una receta efectiva y simple a más no poder: sofrito de tomate y cebolla, caldo de carne, crema de parmesano y un poco de secreto ibérico picado.

Los macarrones no deben estar al dente, sino un poco más pasaditos de cocción. Para mí es la clave del plato: tras años de dictadura del cocimiento a la italiana, es decir, corto, tomar una pasta blanda me produjo una conexión brutal con la infancia, con aquellos macarrones con tomate, chorizo y queso gratinado que devoraba cuando era pequeño. Y creo que no hay efecto más placentero en la mesa que ése.

🎮 DIFICULTAD Para cristianos de base.

Para 4 personas
400 g de macarrones
2 cebollas
700 g de tomate triturado
2 cucharadas de tomate concentrado
250 ml de caldo de carne
200 g de secreto ibérico
500 ml de nata líquida
100 g de parmesano (y más para gratinar)
Aceite de oliva
Sal y pimienta

PREPARACIÓN

1. Picar y rehogar la cebolla en una sartén con un chorro de aceite a fuego suave durante unos 20-30 minutos, hasta que esté blanda. Añadir el tomate concentrado y el natural, salpimentar ligeramente y hacer unos 15-20 minutos más. Mojar con el caldo de carne y dejar que reduzca a fuego medio hasta que quede consistencia de salsa. Corregir de sal.

2. Mientras tanto, picar el secreto y saltearlo en otra sartén. Salpimentar y reservar.

3. Poner en una cazuela la nata al fuego. Cuando hierva, añadir el parmesano rallado y dejar haciendo a fuego suave hasta que espese un poco. Batir con la batidora, salpimentar y reservar.

4. Cocer la pasta en agua abundante con sal. Tiene que quedar un poco blandita, no al dente. Escurrirla, extenderla sobre una superficie y dejar que se enfríe.

5. En una fuente de horno, formar capas de macarrones, sofrito, secreto y crema de parmesano. Acabar con crema de parmesano y parmesano rallado.

6. Gratinar en el horno y servir bien caliente.

NOTA DEL COCINERO En vez de secreto se puede usar tranquilamente unas buenas salchichas de carnicería, y así el plato sale aún más barato.

MÚSICA PARA GUISAR Manel, *Els millors professors europeus* (2008).

Entre multitud de cosas horribles, la Sección Femenina tuvo un acierto notable: publicar un magnífico libro titulado *Manual de cocina*. La institución falangista, que durante la dictadura machacó a las mujeres con los conceptos de «educación» y «moralidad» más rancios que podamos imaginar, enseñó a cocinar con esta obra a media España a través de recetas tradicionales muy bien explicadas. En estos tiempos de espumas y deconstrucciones, el sentido común que desprenden sus propuestas suena a gloria bendita.

Este plato nació un día que tuve que recurrir al *Manual de cocina* para enfrentarme a unas acelgas. No tenía mucho más en la nevera, pero me aburría un poco ponerlas con el típico rehogado de ajo. El Manual, como siempre, me solucionó la vida con una técnica tan simple como deliciosa: el adobillo. Ésta es mi versión adaptada a los tiempos modernos, con la verdura menos hecha y huevo *mollet*.

☠ DIFICULTAD Para recién salidas de la posguerra.

INGREDIENTES

Para 4 personas
1 kg de acelgas
2 huevos
1 cucharadita de pimentón
1 rebanada de pan de molde (o el equivalente en miga de pan normal)
2 dientes de ajo
6 cucharadas de aceite
2 cucharadas de vinagre
Sal y pimienta negra en grano

1. Cocer los huevos en agua hirviendo durante 6 minutos. Sacar, pasar por agua fría, pelar y reservar.

2. Poner agua abundante a hervir con mucha sal en una cazuela grande. Separar con un cuchillo las pencas de las hojas de las acelgas, y lavar bien todo. Cocer primero las pencas unos 5 minutos. Añadir las hojas y cocer 2 o 3 minutos más, hasta que esté todo tierno pero no blandurrio. Sacar y poner en agua muy fría para cortar la cocción.

3. Pelar los ajos y cortarlos en láminas verticales grandes. Poner el aceite en una sartén y dorarlos a fuego suave. Retirar del fuego y añadir el pimentón, el vinagre y las acelgas bien escurridas.

4. En un mortero, majar dos o tres granos de pimienta y la miga del pan mojada y escurrida. Disolver la pasta con un chorrito de agua y echarlo sobre las acelgas. Mezclar y cocer a fuego vivo hasta que el líquido evapore (un par de minutos o menos). Rectificar de sal.

5. Poner los huevos *mollet* encima, uno en cada lado de la fuente, cortarlos por la mitad y servir.

NOTA DEL COCINERO En vez de acelgas puedes usar espinacas. Y si quieres *aligerar* el plato, añadir un poco de chorizo pasado por la sartén.

MÚSICA PARA GUISAR Vainica Doble, *Coser y cantar* (1997).

5. MERLUZA REBOZADA CON PIMIENTOS DULCES

En casa de mis padres se comía la merluza de dos formas: en salsa verde, en las ocasiones, y frita, en los días más normales. Supongo que por influencia riojana, muchas veces se acompañaba la merluza rebozada con pimientos.

Es una mezcla que en principio nunca harías, pensando que la fuerte personalidad del pimiento se va a comer a la tímida y suavecita merluza. Sin embargo funciona, y ambos casan como esas extrañas parejas que se complementan en sus diferencias. Para mí, es una de las mejores formas que existen de tomar la merluza, y si los pimientos están bien confitados y un poco dulces, ya es *bocata di cardinale*, como dicen algunos por ahí.

⊡ DIFICULTAD Para cerebros de mosquito.

INGREDIENTES

Para 4 personas
1 kg de lomos de merluza sin piel ni espinas
1 kg de pimientos de asar (o un bote de calidad de unos 400 g)
2 dientes de ajo
2 huevos
Harina
Azúcar
Sal
Aceite de oliva virgen

1. Si se compran los pimientos frescos, hornearlos a 240 grados durante 20 minutos por cada lado. Pelarlos calientes desechando el tronco y las pepitas, y trocearlos en tiras.

2. Pelar y cortar en láminas los dientes de ajo. Dorarlos en una sartén con un buen chorro de aceite de oliva virgen. Añadir los pimientos caseros o de bote, y rehogarlos a fuego suave unos 10-15 minutos con una cucharadita de azúcar y una pizca de sal.

3. Preparar un plato con los huevos batidos con un poquito de sal; otro, con harina, y otro, con papel de cocina. En otra sartén o cazuela pequeña, poner aceite abundante a calentar. Salar los trozos de merluza, pasarlos por la harina y por el huevo, e ir friéndolos en el aceite caliente (pero sin humear). La merluza se hace muy rápido, por lo que la fritura debe ser corta, lo justo para que se dore el rebozado.

4. Dejar los trozos sobre papel de cocina para que pierdan el exceso de grasa. Servir de inmediato con los pimientos como acompañamiento.

NOTA DEL COCINERO Si no te llega el presupuesto para una merluza fresca, recomiendo sustituirla por pescadilla antes que comprarla congelada.

MÚSICA PARA GUISAR Cut Copy, *In ghost colours* (2008).

Uno de mis libros culinarios favoritos de todos los tiempos es *La cocina completa*, de María Mestayer de Echagüe, alias La Marquesa de Parabere. Esta señora, a la que yo me imagino con mucho genio y muy mandona, era un personaje bastante peculiar. En realidad no tenía otro título nobiliario que el de haber nacido en Bilbao, aunque sí era de familia bien. En pleno 1936, y con la oposición de su marido, se plantó en Madrid con sus tres hijos para abrir un restaurante, con la gran suerte de que a los pocos meses estalló la Guerra Civil.

Tras la contienda, abrió otra casa de comidas, que acabó quebrando por la mala gestión. Donde sí tuvo éxito fue como divulgadora de sus inmensos conocimientos, y tanto *La cocina completa* (1933) como *Confitería y repostería* (1930) son considerados libros clásicos en la gastronomía española.

Aunque algunas de sus recetas se han quedado un poco viejunas, hay muchas otras que son auténticos descubrimientos. Y tanto como sus platos me gustan sus consejos de etiqueta en la mesa, que comienzan con esta gran frase: «A la hora señalada, el criado, abriendo la puerta de la sala de par en par, pronunciará la frase de rigor: "La señora está servida"».

Estos chipirones en su tinta se basan en sus calamares a la bilbaína. Me he permitido añadir dos ingredientes que siempre se han usado en mi casa para este plato: el vino blanco y la onza de chocolate final. Y como dice la Marquesa, «cada cual verá si le conviene aligerar o suprimir alguno los elementos constitutivos de la receta; yo, en ese caso, no me hago solidaria de los fracasos».

🎮 DIFICULTAD Para seres que saben algo de cocina.

Para 4 personas

20 calamares medianos, frescos y blancos
2 cebollas
2 tomates maduros
2 dientes de ajo
1 bolsita de tinta de calamar
40 g de miga de pan
1 rama de perejil
1 cucharada de azúcar
100 ml de vino blanco
10 g de chocolate negro
Aceite de oliva
Sal y pimienta

PREPARACIÓN

1. Limpiar a conciencia los calamares, quitándoles los ojos, las tripas y la parte dura de la boca (esto a veces lo hacen en las pescaderías). Sacarles las barbas (tentáculos) y lavarlas bien. Quitar la telilla rosada del cuerpo y arrancar las aletas, y lavar bien el chipirón. Para limpiarlo por dentro, lo mejor es poner el dedo meñique en la punta y darle la vuelta sobre sí mismo, y así poder eliminar todos los restos de tripa. Una vez limpio, volver a meter las barbas en los cuerpos de los chipirones.

2. Calentar un buen chorro de aceite en una cazuela, y rehogar la cebolla picada a fuego medio, vigilando que no se queme. Mientras, pelar y quitar las semillas a los tomates, y cortarlos en trozos grandes.

3. A los 10 minutos, añadir el ajo y el perejil a la cebolla, y rehogar 2 minutos más. Por último, sumar el tomate y el azúcar, y salpimentar.

4. Cuando el tomate esté hirviendo, añadir el vino blanco y los chipirones y bajar a fuego lento. Cocerlos hasta que estén tiernos (unos 10-15 minutos), añadiendo algo de agua si el sofrito se queda muy seco. Retirar los calamares de la salsa y reservarlos.

4. Probar que la cebolla esté bien blanda, y si no, hacer unos minutos más. Triturar el sofrito con el pasapurés y volver a ponerlo en la cazuela. Mojar la miga de pan con un poco de agua y con la tinta, añadirla a la salsa y remover. Colocar de nuevo los chipirones en la cazuela y cocerlos unos minutos más a fuego lento.

5. Retirar del fuego y añadir el chocolate picado fino. Remover bien hasta que esté bien disuelto en la salsa. Rectificar de sal y servir decorados con un poco de perejil, con unos triángulos de pan frito, o con arroz blanco.

🐙 NOTA DEL COCINERO Si sobra salsa o unos pocos chipis, ésta se puede tomar con unos huevos fritos o al plato. Es una mezcla brutal.

📻 MÚSICA PARA GUISAR Kings of Convenience, *Quiet is the new loud* (2001).

7. CODORNICES CON UVAS Y JENGIBRE

Sé que hay gente a la que le dan un palo considerable las codornices. Que si les recuerdan a pajaritos, que si no tienen nada para comer, que si lleva demasiado trabajo limpiarlas. A mí personalmente me encantan, porque su carne suele ser más delicada que la de otras aves de mayor tamaño. Otra ventaja con la que cuentan es lo rápido que se cocinan. Y sí, son enanas y hay que currar para sacarles la chicha, pero ¿no ocurre lo mismo con el marisco, y nadie se queja?

Esta receta de codornices con uvas y jengibre está adaptada de una de Claudia Roden, probablemente la mujer que más sabe de cocina judía del mundo. Esta señora nació en El Cairo dentro de una familia cuyos miembros provenían de distintos lugares del mundo y en la que todos aportaban sus refinadísimas influencias culinarias. Después se estableció en el Reino Unido, donde se convirtió en la gran divulgadora de la cocina del Mediterráneo oriental en una época —los sesenta— en la que casi nadie sabía hacer un cuscús fuera del mundo árabe.

Si te gusta este plato (y te puedo asegurar que te gustará), tanto sus libros como la página de Claudia en la web de la BBC tienen más recetas, todas igual de fáciles y excitantes.

DIFICULTAD Para principiantes medio tontos.

INGREDIENTES

Para 4 personas
8 codornices
250 g de uvas, a poder ser sin pepitas
1 trozo de jengibre

2 naranjas
3 dientes de ajo
25 g de mantequilla
2 cucharadas de perejil picado
Aceite de oliva
Sal y pimienta negra

1. Pelar el jengibre y pasar la raíz por la licuadora para obtener el jugo (si no se tiene el aparato, rallarlo y aplastarlo). Exprimir las naranjas con el mismo fin.

2. Salpimentar las codornices y dorarlas en una cazuela grande a fuego vivo con el aceite de oliva. Ir cambiándolas de posición para que se doren por todos los lados. Sacarlas y desechar el exceso de grasa. Bajar un poco el fuego y añadir la mantequilla a la cazuela.

3. Cuando se derrita, agregar los ajos y dejar que se doren. Añadir el jugo de jengibre, las uvas, el zumo de naranja y las codornices. Tapar y dejar que se haga a fuego suave durante 15 minutos, o hasta que las codornices estén hechas.

4. Corregir de sal y pimienta, añadir el perejil y servir.

NOTA DEL COCINERO Las codornices se acompañan muy bien con arroz blanco o cuscús, aliñándolos con la salsa.

MÚSICA PARA GUISAR Carole King, *Tapestry* (1971).

8. POLLO BATZOKI

Nunca había tomado pollo al batzoki hasta hace un par de años. No soy falangista ni tengo prohibido comer nada relacionado con el nacionalismo vasco, pero jamás había tenido noticia de este plato hasta verlo en la Enciclopedia Culinaria de la Marquesa de Parabere. Y eso que siempre he sido fan de las barras de los batzokis (sedes sociales / tascas del PNV), más que por militancia por sus buenos y baratos pinchos de tortilla y de muchas otras cosas.

Este pollo está tan bueno que bien podría considerarse parte de una conspiración para captar adeptos a la causa de «El Partido» (así es como se ha denominado siempre al PNV en la familia de mi madre; para ellos no existía otro posible). Desconozco si Sabino Arana intervino personalmente en el diseño de esta arma secreta, o la crearon solitas las *etxekoandres* que guisaban a su mayor gloria en los batzokis de principios del siglo xx. Pero el caso es que su salsa de tomate, cebolla, vino y pimiento choricero, ligada con yema de huevo y miga de pan, da ganas de envolverte en una ikurriña y ponerte a cantar el *Gora ta gora*.

⊗ DIFICULTAD **Para militantes de base.**

INGREDIENTES

Para 4 personas
1 pollo campero en trozos pequeños para guisar de 1,2 kg aproximadamente
250 g de tomate pelado, despepitado y picado
150 g de cebolla
2 rebanadas de pan

100 ml de vino rancio (u oloroso o moscatel)
200 ml de caldo de pollo
3 pimientos choriceros o ñoras (o un par de cucharaditas de su carne)
1 yema de huevo cocido
1 diente de ajo
1 guindilla (opcional)
1 rama de perejil
Aceite de oliva
Azúcar
Pimienta negra
Sal

PREPARACIÓN

1. Poner a calentar un buen chorro de aceite en una cazuela grande a fuego medio. Añadir el pollo sin marearlo para que se dore bien por todos los lados, en tandas si es necesario. Sacarlo a un plato y cubrirlo con film o papel de aluminio.

2. En el mismo aceite, dorar la cebolla y el ajo con cuidado de que no se quemen durante unos 10-15 minutos, hasta que cojan un poco de color. Agregar la miga del pan y dejar un par de minutos. Añadir el tomate y la guindilla si gusta picante, y dejar 10 minutos más.

3. Mojar con el vino y el caldo, y añadir el perejil y una pizca de sal y pimienta. Devolver el pollo a la cazuela y hacer muy suave durante unos 45 minutos desde que rompa a hervir.

4. Mientras, quitar el tallo y las pepitas a los pimientos y ponerlos en un bol. Verter agua hirviendo y dejar unos 10 minutos. Sacar la carne raspando el interior con una cuchara (si la carne de pimiento es de

bote, no hacen falta estos dos pasos). Añadirlo al guiso junto con la yema de huevo diluida en un poco de caldo de pollo o agua y las peladuras del pimiento.

5. Pasar la salsa por el chino, apretando bien para obtener el máximo posible. Corregir de sal, pimienta y azúcar si está ácida.

NOTA DEL COCINERO Si el pollo se acaba y sobra salsa, con unos huevos fritos está mortal.

MÚSICA PARA GUISAR La Buena Vida, *Hallelujah* (2001).

El cordero al chilindrón ha sido un clásico de las últimas navidades en mi casa que casi nadie comía. Mi madre lo guisaba con todo su cariño por si, después del aperitivo, las croquetas, el jamón, el lomo, las gambas, las cazuelitas de hojaldre, la sopa, la verdura y la merluza en salsa, «a alguien le apetecía carne».

Durante años, intentamos reducir el menú navideño y que mi madre dejara de hacer este plato en Navidad, sin ningún éxito. Su excusa era siempre la misma: «Vuestro primo Manu sí que come». Pero así eran las madres antes, capaces de trabajarse un guisote sólo por una persona.

He de reconocer que el cordero estaba buenísimo, porque el chilindrón es una fórmula difícil de batir. Como esta fantástica mezcla de cebolla, pimiento, tomate y jamón funciona igual de bien con otras carnes, yo la suelo hacer con pollo, por ejemplo, que es un poco menos *heavy*.

☻ DIFICULTAD Baja.

INGREDIENTES

Para 4 personas
1 kg de cordero troceado
2 pimientos rojos
2 pimientos choriceros (o una cucharada de su carne)
1 cebolla
2 dientes de ajo
750 g de tomates maduros (o si no, de lata enteros)
50 g de jamón serrano
25 g de almendra molida

1 cucharada de azúcar
Aceite de oliva
Perejil
Sal y pimienta negra

1. Rehidratar los pimientos choriceros si no se usa su carne de bote.

2. Pelar la cebolla y cortarla en tiras finas. Quitar el troncho y las pepitas a los pimientos y cortarlos en tiras algo más gruesas. Pelar y picar los dientes de ajo. Cortar el jamón en tiras.

3. Escaldar los tomates, pelarlos y trocearlos en grueso eliminando las pepitas.

4. Poner a calentar un buen chorro de aceite en una cazuela grande, y dorar ligeramente los trozos de cordero previamente sazonados. Sacarlos y reservarlos.

5. En el mismo aceite, freír los dientes de ajo, sin que se tuesten porque entonces amargan. Añadir enseguida la cebolla, mover y dejar que se haga un par de minutos. Repetir la operación con los pimientos y la carne de los choriceros, y por último con el jamón.

6. Añadir el tomate y los trozos de cordero, más el azúcar, un poco de sal, pimienta y una ramita de perejil. Tapar la cazuela y dejar que se haga a fuego suave durante unos 45-50 minutos.

7. Cuando veamos que el cordero ya está tierno, y la carne se separa bien de los huesos, retirar el perejil y añadir la almendra molida. Mo-

ver la cazuela para que la salsa ligue. Si estuviera muy líquida, sacar los trozos del cordero y reducirla a fuego medio y destapada para que pierda agua.

8. Servir el cordero con la salsa. Este guiso está mejor de un día para otro.

 NOTA DEL COCINERO Si gusta el picante, se puede añadir una cucharadita rasa de cayena al sofrito.

MÚSICA PARA GUISAR The Mama's and The Papa's, *If you can believe your eyes & ears* (1966).

A través del blog suizo FX Cuisine conocí esta receta, colgada en internet en febrero de 1994. En la mismísima prehistoria de internet, en los tiempos de los módems, las conexiones a 56K, el IRC y el buscador Olé, ya había gente que difundía sus experiencias culinarias a través de la red.

La receta, enviada por una estadounidense llamada Karen Baldwin a un grupo de noticias dedicado a la cocina, era de un pastel escandinavo de manzana y crema agria. Baldwin, nieta de un emigrante noruego, aseguraba en la introducción de la receta que la fórmula provenía de su bisabuela. Según ella, era el postre favorito de su familia y había ganado todos los concursos de pastel de manzana a los que se había presentado.

Es más que posible que esta mujer pasara a mejor vida hace años: según *FX Cuisine*, Baldwin estuvo *posteando* con insistencia sobre cocina y cultivo de rosas entre 1994 y 1999, y después «desapareció de la faz de internet».

Conmovido por la historia, y mientras me imaginaba a alguien rescatando alguna de mis recetas en 2050, me dispuse a hacer el pastel de manzana. Utilicé *crème fraîche* —no encontré nata agria— y, en el segundo intento, moderé un poco las cantidades de azúcar y harina para no estallar después de comerla.

El resultado fue, tal como prometía Karen, añadido de inmediato a mis favoritos.

🎲 **DIFICULTAD** Media.

Para 6 personas

Relleno

3-4 manzanas (unos 750 g), a poder ser reinetas o golden

75 g de harina

150 g de azúcar blanco

Una pizca de sal

1 huevo

1 vaina de vainilla (o una cucharadita de extracto).

240 ml de crème fraîche *(o nata agria).*

Cobertura

50 g de harina

100 g de mantequilla muy fría

20 g de azúcar blanco

20 g de azúcar moreno

1 cucharadita de canela

PREPARACIÓN

1. Precalentar el horno a 180 grados.

2. Mezclar en un bol grande la harina, el azúcar y la sal del relleno. Pelar las manzanas, cortarlas en cuartos y quitarles el corazón. Cortar cada cuarto en 3 partes (o en 2, si las manzanas son pequeñas), añadirlas a la harina y rebozarlas. Batir el huevo en otro bol y añadirle las semillas de la vaina de vainilla o el extracto. Añadirlo a las manzanas y mezclar. Sumar por último la crema agria y mezclar.

3. Verter el relleno en un molde de horno redondo de unos 24 cm de diámetro. Hornear unos 40 minutos, hasta que esté dorado.

4. Mientras, poner la harina de la cobertura en un bol. Cortar la mantequilla muy fría de la cobertura en daditos y añadirla. Arenarla (ir deshaciéndola con la punta de los dedos para que se mezcle con la mantequilla) hasta obtener una mezcla parecida a las migas o la arena gruesa.

5. Añadir el azúcar y la canela y mezclar con los dedos. Mantener en la nevera hasta el momento de esparcirlo por encima del pastel (no pasa nada porque quede irregular; al final se funde todo). Hornear unos 15 minutos más, hasta que forme una costra fina.
Dejar reposar al menos una hora.

🍲 **NOTA DEL COCINERO** La nata agria se puede hacer mezclando la *crème fraîche* con una cucharada de zumo de limón.

🎵 **MÚSICA PARA GUISAR** Simon & Garfunkel, *Parsley, sage, rosemary and thyme* (1966).

No tenía noticia de la existencia del *flaó* ibicenco —sí, soy un ignorante— hasta que Piti Wini, una amiga de Facebook, colgó en la red social unas fotos de cómo hacía este dulce típico de la isla. Me gustó tanto la idea de mezclar queso fresco, hierbabuena y anís en una tarta, que le pedí la receta. Muy amablemente me la mandó, y a los pocos días me puse a ello.

Tras un par de pruebas, logré dar con mi propia versión del *flaó* (o flaón, en castellano) para adaptarla a mi gusto: pongo menos azúcar y añado el anís a la masa en vez de al relleno para que no resulte tan alcohólico.

El postre también es típico de Formentera y algunas zonas de Castellón. Según he leído, tiene origen árabe y antes se tomaba sólo en Semana Santa. Ahora te puedes entregar al vicio de comerlo en cualquier época del año.

DIFICULTAD Poca.

INGREDIENTES

Para 6 personas
Masa
150 g de harina
75 g de mantequilla
30 g de azúcar
1 yema de huevo
20 ml de anís (una copita)
1 cucharadita de semillas de anís (matalauva)
Sal

Relleno

300 g de queso fresco, a poder ser de cabra

150 g de azúcar

3 huevos

100 ml de leche entera

2 cucharadas de hierbabuena picada

Azúcar glas para decorar (opcional)

PREPARACIÓN

1. Para hacer la masa, derretir la mantequilla al fuego o en el microondas. Poner una pizca de sal y las semillas de anís en la harina, y mezclarla con el azúcar. Añadir por último el huevo y el anís, formar una masa y dejarla reposar filmada en la nevera durante al menos media hora.

2. Para el relleno, triturar o rallar el queso, y mezclarlo con los huevos y el azúcar. Añadir la leche tibia y la hierbabuena picada y mezclar bien.

3. Precalentar el horno a 180 grados.

4. Extender la masa con la mano en un molde redondo de unos 24 cm de diámetro, y pinchar la superficie con un tenedor. Verter el relleno y hornear durante 30-40 minutos, hasta que se dore y el centro esté cuajado (para comprobarlo, pinchar con un chuchillo o una aguja: si sale limpio, está). Decorar, si se quiere, con azúcar glas.

NOTA DEL COCINERO Si se le quiere dar otros sabores, se puede usar miel de tomillo o romero en vez de azúcar en el relleno.

MÚSICA PARA GUISAR MGTM, *Oracular spectacular* (2007).

pija
por un
día

1. TRIÁNGULOS DE QUESO PICANTE

La idea inicial de la que surgió este plato era hacer un simple *tirokafterí*. Es decir, una crema de queso picante (la traducción literal sería «quemante») típica de Grecia que me vuelve loco, y que en su formulación más básica no lleva más que queso feta, aceite de oliva, guindilla roja y si acaso un poco de yogur para hacerla más untable.

Con este proyecto en la cabeza fui al mercado y me encontré con otro de mis artículos favoritos en esta temporada, las guindillas verdes frescas. Pensé que este producto rehogado y picado bien podría sustituir al chile y añadir, además, un saborcillo a pimiento que seguro que iba bien con el queso. Una vez hecho el *tirokafterí* sui géneris, decidí usarlo como relleno de unos triángulos de pasta filo al horno. No, no fue un arranque de creatividad: simplemente la masa, que compré hecha en el súper, llevaba unos días en la nevera y estaba en el límite de su caducidad, así que había que darle salida sí o sí.

Ésta es la bonita historia de un aperitivo que resultó toda una sorpresa, porque la crema de queso picante con el exterior crujiente de la masa estaba impresionante, y fue uno de los *hits* de la cena de ese día.

⊡ DIFICULTAD Se necesita cierta destreza.

INGREDIENTES

Para 6-8 personas, como aperitivo
8 láminas de pasta filo
300 g de queso feta
1 o 2 guindillas verdes frescas (en su defecto, 3 o 4 pimientos de
*   Padrón y ½ cucharadita de guindilla roja picada)*
2 cucharadas de yogur griego

75 g de mantequilla
Aceite de oliva virgen extra

1. Rehogar las guindillas —poner una o dos dependiendo de la potencia de picante que se quiera— o los pimientos con un chorro de aceite en una sartén a fuego medio. Cuando estén tiernos, sacar y reservar tanto las guindillas como el aceite de la sartén. Dejar que se templen y pelar si tienen mucha piel.

2. Precalentar el horno a 220 grados.

3. Poner el feta en un bol y aplastarlo con un tenedor. Ir añadiéndole aceite y mezclando hasta que se forme una crema. Añadir el yogur y el aceite con el que hemos frito las guindillas y mezclar bien.

4. Sumar las guindillas picadas finas o, en su caso, los pimientos de Padrón y la guindilla roja si es que no hay ninguno que pique.

5. Derretir la mantequilla. Preparar una bandeja de horno aceitada.

6. Extender una lámina de pasta filo y tapar el resto con un trapo mojado. Cortar la lámina en tres tiras y pintarlas con mantequilla derretida. Poner una cucharada no muy colmada de la pasta de queso en una esquina, y doblar haciendo ángulos sucesivos de 45 grados para ir formando un triángulo. Si no te salen perfectos, no te estreses: sabrán igual de bien. Una vez acabados los triángulos completos, ir dejándolos sobre la bandeja aceitada.

7. Hornear unos 15-20 minutos, o hasta que estén bien dorados. Dejar que se enfríen un poco sobre una rejilla y servir templados o fríos.

 NOTA DEL COCINERO Hay que perder el miedo a la pasta filo, porque a pesar de ser ultrafina no es muy complicada de manejar una vez que se le coge el truco, y permite múltiples variaciones saladas y dulces.

MÚSICA PARA GUISAR Portishead, *Roseland NYC Live* (1998).

2. SOPA DE PESCADO DE MI MADRE

De todas las sopas que en el mundo han sido, la que más me gusta es la de pescado que hacía mi madre. La solía preparar en Navidad, aprovechando las cabezas de los gigantescos pescados que compraba mi tía Luisi en la pescadería Aquilino de Bilbao. Casi la disfrutaba más que el propio rape o la merluza, puede que por ser el primer plato y tomarla con verdaderas ganas.

La sopa se basa en un principio básico de los pescados, que mi madre solía mencionar cuando veía a algún aficionado preferir la fácil cola sin espinas al cuello lleno de obstáculos: «Cuanto más cerca de la cabeza, mejor». Es precisamente la enorme y feísima cabeza del rape, quizá la más deliciosa del mar, la que proporciona todo su sabor a este plato.

La sopa de mi madre tiene un mandamiento inquebrantable: no usar ningún animal que no sean peces. Ella se horrorizaba cuando iba a un restaurante y veía mejillones, gambas o calamares flotando en el caldo. «¡¡¡La sopa de pescado no lleva marisco!!!», exclamaba con toda su furia de vasca ortodoxa. Yo no soy tan talibán —he probado buenas sopas en las que había conchas—, pero reconozco que a esta receta en concreto no le hacen falta más ingredientes.

⚙ DIFICULTAD Más que difícil, es algo trabajosa.

INGREDIENTES

Para 4 personas
1,5 kg de cabeza de rape, a poder ser con algo de carne (¡y sin el hígado!)
Otros despojos de pescado (opcional, si al pescadero le sobran)
2 cebollas grandes
400 g de zanahorias

1 puerro pequeño
2 dientes de ajo
4 cucharadas de tomate frito, a poder ser casero
1 cucharada de carne de pimiento choricero
2 rebanadas de pan de barra
2 ramas de perejil
1 hoja de laurel
1,5 litros de agua mineral
100 ml de vino blanco seco
1 cucharada de mantequilla
Aceite de oliva
Pimienta negra en grano
Sal

PREPARACIÓN

1. Pelar y picar la cebolla, las zanahorias y el puerro sin la parte verde, y separar cada ingrediente en dos mitades.

2. En una cazuela grande, poner a calentar a fuego medio la mantequilla con un chorro de aceite. Rehogar la cabeza del rape cortada en trozos grandes, y el resto del pescado si se tiene, 2 o 3 minutos. Añadir la mitad de la cebolla, zanahoria y puerro, los ajos pelados y aplastados con la hoja de un cuchillo, y una pizca de sal. Rehogar 5 minutos más, moviendo de vez en cuando.

3. Mojar con el vino blanco y evaporar el alcohol un minuto. Añadir el agua mineral, el laurel y los granos de pimienta. Subir el fuego hasta que hierva, quitar la espuma que se forma en la superficie, y hervir a fuego medio-bajo durante 20 minutos. Retirar del fuego y dejar infusionar tapado hasta que el caldo esté templado.

4. Mientras, preparar el sofrito. Rehogar en una sartén con un chorrito de aceite de oliva la cebolla, la zanahoria y el puerro restantes, con una pizca de sal. Cuando estén bien pochados y blandos (20-30 minutos), añadir el tomate y el pimiento choricero y seguir rehogando hasta que quede un sofrito bien espeso (unos 10 minutos más).

5. Freír las rebanadas de pan en aceite de oliva, y dejar escurrir bien sobre papel de cocina. Colar y limpiar los trozos de pescado con la mano para obtener la carne que haya. Desmigarla, juntarla con el caldo y desechar lo demás.

6. Añadir al caldo el sofrito pasado por un pasapurés. Después majar el pan frito, desleírlo en un poco de caldo, y sumarlo también a la sopa. Volver a ponerla al fuego y darle un hervor corto de un par de minutos. Corregir de sal. Servir bien caliente.

NOTA DEL COCINERO Para mí esta sopa es inmejorable. No tengo nada que añadir.

MÚSICA PARA GUISAR The Band y otros artistas, *The Last Waltz* (1976).

3. CREMA DE CALABAZA CON CURRY Y LANGOSTINOS

La calabaza es la hortaliza perfecta para una crema. No sólo tiene un sabor amable y un color naranja muy apetitoso, sino que además queda finísima al cocerla y triturarla. También admite muy bien las especias y los lácteos, así como guarniciones imaginativas.

Como la calabaza es un producto poco Isabel Preysler en sí mismo, cuando me pongo pijo yo acompaño esta crema con unas colas de langostinos salteadas con tocino, un combinado mar-montaña cerduna que me encanta. Eso sí, la crema está también buenísima sin ellas.

⊡ DIFICULTAD Para bobos.

INGREDIENTES

Para 4 personas
750 g de calabaza pelada
12 langostinos frescos
6 lonchas de tocino cortado muy fino
1 patata mediana
1 cebolla
1 diente de ajo
400 ml de caldo de verduras
100 ml de vino blanco
100 ml de leche entera
½ cucharadita de curry
1 cucharada de perejil picado
Pimentón picante
Aceite de oliva, sal y pimienta blanca

1. Picar la cebolla. Separar las cabezas de los langostinos y saltearlas con un chorrito de aceite en una cazuela grande a fuego medio. Añadir la cebolla picada. Cuando empiece a estar transparente, añadir el ajo y rehogar 10 minutos más a fuego suave.

2. Añadir la calabaza troceada en dados grandes, la patata pelada y troceada y el curry, y rehogarlos. Salpimentar, mojar con el vino y dejar que evapore el alcohol un par de minutos. Sumar la cantidad de caldo vegetal justo para cubrir la calabaza y la patata. Cocer hasta que estén tiernas, unos 25 minutos.

3. Triturar y añadir un poco de leche, hasta que tenga la textura correcta, ni muy líquida ni muy espesa. Colar con un colador o chino y corregir de sal. Hasta aquí se puede hacer con antelación.

4. Pelar las colas de los langostinos y envolverlas en media loncha de tocino (si se quiere ir más seguro, se pueden pinchar con un palillo). Salpimentarlas y pasarlas por una sartén muy caliente hasta que el tocino coja color (uno o dos minutos).

5. Servir la crema en el plato o bol con los langostinos encima, un chorrito de aceite de oliva y una pizca de pimentón picante espolvoreada.

NOTA DEL COCINERO Los langostinos envueltos en tocino o panceta también van bien con una crema de boniatos.

MÚSICA PARA GUISAR Carlos Berlanga, *Indicios* (1994).

4. ENSALADA DE ESPINACAS Y SALMÓN AHUMADO

Con el calor suele llegar el síndrome de la ensalada. Consiste en acabar hasta el gorro de la lechuga en sus 30 modalidades distintas, del tomate, y del resto de los ingredientes habituales de este plato, con los que ya no sabemos qué hacer después de agotar todas las posibles combinaciones.

Esta receta de ensalada de espinacas y salmón que me enseñó mi cuñada May es mano de santo para este mal, porque es casi igual de fresca que una verde pero a la vez se sale un poco de lo convencional. Siempre que la hago es el éxito de la noche. Os recomiendo, eso sí, que os gastéis un poco de dinerito en el salmón, porque mejorará de forma exponencial si éste es decente.

DIFICULTAD Para gente básica.

INGREDIENTES

Para 4 personas
4 lonchas de salmón
600 g de espinacas frescas
100 g de champiñones frescos
20 g de pepinillos en vinagre
¼ cebolla
1 limón
1 cucharada de perejil picado
1 cucharadita de mostaza
1 cucharada de vinagre
8 cucharadas de aceite de oliva
Sal y pimienta negra (a poder ser recién molida)

1. Mezclar 4 cucharadas de aceite de oliva, el zumo del limón, los pepinillos picados, la cebolla cortada en trozos grandes que se puedan retirar después, el perejil y un poco de pimienta molida. Extender el salmón en una fuente, rociar con este preparado, filmar y dejar marinar en la nevera durante al menos 1 hora.

2. Lavar las espinacas y escaldarlas 1 minuto en abundante agua hirviendo con sal. Enfriar con agua bien fría para cortar la cocción. Escurrirlas muy bien.

3. Colocarlas extendidas en la fuente en la que se vayan a servir. Preparar una vinagreta con 4 cucharadas de aceite de oliva, el vinagre, la mostaza, sal y pimienta, mezclándolos con batidora. Lavar y cortar los champiñones en juliana y mezclarlos con toda la vinagreta. Ponerlos sobre las espinacas con todo su aliño.

4. Retirar la cebolla del salmón. Colocar las lonchas de pescado encima de las espinacas y los champiñones, y rociar con los ingredientes de la marinada.

NOTA DEL COCINERO Armado de un buen cuchillo también se puede hacer la receta con salmón crudo.

MÚSICA PARA GUISAR Madonna, *Confessions on a dance floor* (2005).

Mucho se habla —y con razón— de la aparición de los guisantes al principio de la primavera. Pero para mí la llegada de las habas frescas es un acontecimiento igual de importante. Sobre todo en los primeros días, las habas están pequeñitas y tiernas, y todavía no tienen ese duro pellejo gris que las caracteriza cuando avanza la temporada. No hay que cocinarlas casi nada, y son mantequilla pura. Un manjar de dioses.

La hierba favorita para acompañar las habas, al menos en Cataluña, es la menta. En mi receta pongo un poco, pero no le dejo que cobre demasiado protagonismo porque aquí los actores principales son las habitas y los chipironcitos. El plato se puede hacer con habitas en aceite de bote, pero si las encuentras frescas, ve a por ellas como si no hubiera un mañana.

⌗ DIFICULTAD Para personas con paciencia para limpiar los chipirones.

INGREDIENTES

Para 4 personas
1 kg de habitas en su vaina (o unos 300 g de habitas ya peladas)
800 g de chipirones pequeños
2 dientes de ajo
6 hojas de menta
2 cucharadas de perejil picado
Aceite de oliva virgen extra
Sal

1. Pelar las habitas si las hemos comprado en su vaina. Ponerlas en una cazuela con 8 cucharadas de aceite (o lo suficiente para casi cubrirlas), los dientes de ajo pelados y cortados en trozos grandes. Confitarlas a fuego muy suave hasta que estén tiernas (unos 5-10 minutos, pero el tiempo depende del tamaño y la clase; lo mejor es ir probando). No menearlas mucho porque se rompen. En el último minuto añadir la menta picada y reservar.

2. Limpiar los chipirones bajo el grifo eliminando los ojos, la espina y la tripa, y conservando las patitas y los cuerpos. A los cuerpos conviene darles la vuelta sobre sí mismos empujando la punta con un dedo, para limpiar bien el interior. Escurrir bien y reservar en un plato sobre papel de cocina. Hasta aquí lo podemos hacer con antelación.

3. Justo cuando se vayan a comer, poner a calentar una sartén a fuego fuerte. Embadurnar los chipirones con un poco del aceite de las habas. Saltearlos a fuego bien fuerte en la sartén hasta que estén dorados. Conviene que sea poco tiempo porque si no se endurecen.

4. Añadir las habas escurridas de su aceite, el perejil picado y una pizca de sal, dar una vuelta y servir inmediatamente en una fuente o platos precalentados.

NOTA DEL COCINERO Si las habas están ya demasiado grandes, una opción es cocerlas un poco al vapor antes de confitarlas y pelarlas.

MÚSICA PARA GUISAR Lloyd Cole and The Commotions, *Rattlesnakes* (1984).

6. RUBIO CON ALMEJAS Y MOJO DE CILANTRO

La preparación de los ingredientes principales de este plato no tiene ningún misterio: es un simple rubio al horno y unas almejas a la plancha. La gracia es el acompañamiento, una rica salsa canaria que no se llama mojo picón, sino mojo de cilantro. Funciona fenomenal con cualquier producto marino, y se puede hacer en gran cantidad y guardarla en la nevera durante bastante tiempo.

El rubio es uno de los pocos pescados no sometidos a sobreexplotación. No es popular por sus espinas, pero éstas no son un problema si le pides al pescadero que quite las que pueda y tú haces el resto con unas pinzas antes de meterlo al horno. Y es una verdadera delicia.

DIFICULTAD Para rubias.

INGREDIENTES

Para 4 personas
1 kg aproximadamente de filetes de rubio limpios de espina
250 g de almejas
100 ml de vino blanco
1 manojo de cilantro
2 dientes de ajo
1 cucharadita de comino en grano
50 g de miga de pan
200 ml de aceite de oliva
2 cucharadas soperas de vinagre
2 bolitas de pimienta negra (o una pizca de pimienta molida)
Sal gorda
Sal y pimienta negra

1. Majar (machacar) en un mortero las hojas del cilantro, el comino, la miga de pan, una pizca de sal gorda y la pimienta. Añadir el vinagre y un chorrito de agua y mezclar bien. Ir añadiendo poco a poco el aceite y removiendo para que se vaya ligando.

2. Cuando esté, añadir los dos dientes de ajo previamente aplastados y dejarlo reposar 30 minutos como mínimo. Si se quiere más potente de ajo, se puede añadir al principio y majarlo también.

3. Poner las almejas a remojo en agua fría con sal durante unos 20 minutos para que suelten la arena.

4. Precalentar el horno a 200 grados.

5. Untar el pescado de aceite de oliva, salpimentarlo ligeramente y asarlo unos 10 minutos en una fuente o bandeja de horno.

6. Mientras, abrir las almejas con el vino blanco en una sartén a fuego vivo con la tapa puesta.

7. Juntar el pescado, las almejas y su caldo en una fuente. Rociar ligeramente con el mojo, sin abusar (la salsa es sólo un toque). Servir inmediatamente.

 NOTA DEL COCINERO El mojo sobrante se puede usar para otras ocasiones: para acompañar unas patatas pequeñas cocidas como aperitivo, unos calamares a la plancha o un pescadito frito.

MÚSICA PARA GUISAR Aretha Franklin, *Lady Soul* (1968).

Hay una norma no escrita en la cocina tradicional que emparenta las carnes con las salsas hechas con vino tinto, y los pescados, con las de blanco. La regla tiene su sentido pero no es sagrada, y a veces apetece transgredirla para dar con nuevos contrastes y no caer en lo obvio.

La lubina es uno de los pescados blancos más suaves y, quizá por eso queda sorprendentemente bien con una salsa poderosa de *tintorro* como la bordelesa. Como su propio nombre indica, ésta se inventó en Burdeos, partiendo del famoso vino de la región francesa. Por lo que he leído, el original se hace con tuétano de vaca y *demiglás* de salsa española; la que uso aquí es una versión más simple y rápida tomada del malhumorado cocinero Gordon Ramsay.

DIFICULTAD Media, hay que ser rápido.

INGREDIENTES

Para 4 personas
Lubina y guarnición
1 kg aproximadamente de lubina
150 g de cebollitas
150 g de bacon ahumado en un trozo
150 g de setas variadas

Salsa bordelesa
3 escalonias (o, en su defecto, 1 cebolla pequeña)
2 dientes de ajo
400 ml de vino tinto de calidad
400 ml de caldo de pollo

1 cucharada de vinagre balsámico
½ ramita de romero
2 cucharadas de perejil, albahaca, estragón y cebollino picado
    (pueden ser otras hierbas al gusto)
50 g de mantequilla a temperatura ambiente
Aceite de oliva
Azúcar, sal y pimienta negra

PREPARACIÓN

1. Mezclar la mantequilla con las hierbas, cubrir con film y reservar en la nevera.

2. Rehogar las escalonias picadas con un chorro de aceite en una cazuela a fuego lento hasta que estén bien pochadas (unos 20 minutos). A la mitad añadir los dientes de ajo pelados y aplastados con el lado de un cuchillo y una pizca de sal.

3. Añadir el vinagre balsámico y las hojas del romero y dejar que reduzca medio minuto. Sumar el vino tinto y dejar que reduzca en dos terceras partes. Mojar con el caldo y dejar que reduzca otra vez a menos de la mitad (unos 15 minutos a partir de que rompa de nuevo el hervor). Colar, salpimentar, añadir una pizca de azúcar si está muy ácido, y reservar. Tienen que quedar unos 200 ml de salsa; si es más, reducir otra vez un poco.

4. Cocer las cebollitas sin pelar en agua hirviendo durante 3 minutos. Sacarlas, pelarlas y reservar. Cortar el bacon en daditos y las setas, si son grandes, en trozos de bocado. Hasta aquí se puede hacer con antelación.

5. Precalentar el horno a 200 grados.

6. Hacer tres cortes finos a la lubina en cada costado. Untarla de aceite, salpimentarla ligeramente y hornearla entre 20 y 30 minutos (depende del grosor y la potencia del horno, así que lo mejor es sacarla y comprobar si el interior está hecho).

7. Mientras la lubina está en el horno, untar las cebollitas, el bacon cortado y las setas con un poco de aceite y saltearlos en una sartén durante unos 10 minutos.

8. Cuando la lubina vaya a estar lista, tener la salsa bien caliente y montarla fuera del fuego con la mantequilla de hierbas, removiéndola para que ligue bien. Corregir de sal y pimienta.

9. Servir los lomos de la lubina limpios de piel sobre un poco de salsa y la guarnición de cebollitas, bacon y setas. Terminar con otra cucharada de salsa por encima.

NOTA DEL COCINERO Es importante que el vino no sea cutrongo de tretra-brick. Usad un tinto decente, por Tutatis.

MÚSICA PARA GUISAR Sam Cooke, *Ain't that good news* (1964).

8. POLLO CON SALSA DE VERMUT Y SALVIA

El vermut es una bebida que nunca me ha entusiasmado, quizá porque en general no tolero nada bien las bebidas alcohólicas dulces o tirando a dulces. Sin embargo, me gusta usarlo en la cocina porque da un punto único a los platos bastante diferente al del vino o el brandy, por ejemplo.

Por eso me encantó una receta de cerdo con salsa de vermut que vi en el blog *Gastronomía&Cía*, que ellos habían adaptado de otro blog, *Cookin' Canuck*, que a su vez la había tomado de otro, *Just Braised*. Cada uno había hecho sus propias modificaciones, y como yo no podía ser menos, decidí proseguir la cadena haciendo las mías.

En primer lugar, y para empezar bien arriba, cambié el ingrediente principal: en vez de solomillo de cerdo, pechuga de pollo. Después no utilicé semillas de hinojo, por la sencilla razón de que no tenía. También sustituí la crema de leche por leche Ideal, que le dio a la salsa un punto tostado buenísimo, y puse caldo de pollo reducido en vez de Bovril. Eso, entre otras alteraciones menores con las que no os voy a dar la paliza. En fin, que puse la receta patas arriba, con la inmensa suerte de que quedó fantástica.

🕹 **DIFICULTAD** Para zombies.

INGREDIENTES

Para 4 personas
4 pechugas de pollo pequeñas (o 3 grandes; 1 kg aproximadamente)
2 dientes de ajo
200 ml de leche evaporada (Ideal)
200 ml de vermut rojo

300 ml de caldo de pollo, a poder ser bajo en sal
1 manojo de salvia
Sal y pimienta negra recién molida

PREPARACIÓN

1. Poner a hervir el caldo de pollo en una cazuela y reducirlo más o menos a la mitad.

2. Frotar el pollo con los dientes de ajo y reservarlos. Salpimentar las pechugas, pegarles unas hojitas pequeñas de salvia y mojarlas con un poco de aceite. Marcarlas en una sartén bien caliente hasta que se doren y reservarlas en una fuente de horno y tapadas con film para que no se sequen. No hace falta que se hagan por dentro; se acabarán luego.

3. Bajar un poco el fuego y dorar los ajos en la misma sartén en la que hemos marcado el pollo, añadiendo una gota de aceite si es necesario y con cuidado de que no se quemen. Cuando estén rubios, mojar con el vermut y dejar que pierda el alcohol uno o dos minutos.

4. Añadir el caldo de pollo reducido y la leche Ideal, y dejar cocer a fuego suave hasta que la salsa esté bien cremosa (unos 10 minutos). Añadir 3 o 4 hojas de salvia grandes, retirar del fuego y dejar que infusione tapado. Hasta aquí se puede hacer con antelación.

5. Unos 45 minutos antes de comer, precalentar el horno a 200 grados.

6. Terminar las pechugas en el horno entre 20 y 30 minutos (depende del grosor y la potencia del horno), con cuidado de que no queden ni muy hechas ni crudas por dentro. Lo mejor es ir mirándolas y comprobando con un pincho o cuchillo: si el jugo sale claro y transparente, es

que están. Dejarlas reposar un par de minutos tapadas con papel de aluminio al sacarlas del horno.

7. Mientras el pollo se hace, retirar los ajos y la salvia de la salsa, corregirla de sal y pimienta y calentarla.

8. Servir las pechugas mojadas por el jugo que hayan soltado, y con la salsa caliente por encima.

NOTA DEL COCINERO   La salvia puede ser difícil de encontrar. Lo mejor es hacerse con una viva: son fáciles de cuidar y sirven para un montón de platos.

MÚSICA PARA GUISAR   Lily Allen, *Alright, still* (2006).

9. SOLOMILLOS CON CALABAZA Y ALMENDRAS

La ejecución de este receta no puede ser más simple: se marina el lomo con pimentón, comino y cardamomo, se rehoga cebolla, se corta la calabaza y al horno. Punto final. La idea surgió tras recibir los restos de un cochinillo asado de la madre de una amiga. Como había que inflarlos para la cena, preparé calabaza con especias al horno y añadí el cochinillo en el último momento.

La hortaliza, que se impregnó de la grasilla del bicho, estaba casi mejor que la propia carne, y el resultado me reafirmó en que algunas de las mejores ideas en cocina surgen de reciclar restos. En esta versión uso solomillos ibéricos, que son más finos y a la par más ligeros.

⚙ DIFICULTAD Para gente que suspendió todas en 1.º de EGB / Primaria.

INGREDIENTES

Para 4 personas
Unos 800 g de solomillo ibérico
600 g de calabaza
1 cebolla
1 diente de ajo
50 g de almendras tostadas
1 cucharadita de pimentón dulce
1 cucharadita de comino en grano
1 cucharadita de cardamomo en polvo (en su defecto, usar curry)
2 cucharadas de vinagre de Jerez
Aceite de oliva

Sal
Pimienta negra

1. Pelar y majar el diente de ajo con una cucharadita de sal y media cucharadita de pimienta. Añadir el pimentón, el comino, el cardamomo, el vinagre y dos cucharadas de aceite. Untar ligeramente los solomillos con la mezcla, reservando más de la mitad de ésta para la calabaza. Dejar marinando cubierto por plástico un par de horas (si es de un día para otro, mejor).

2. Cortar la cebolla en juliana y rehogarla en una sartén a fuego suave con poco aceite hasta que esté blanda (unos 20 minutos).

3. Picar las almendras con cuchillo en grueso y reservar.

4. Precalentar el horno a 180 grados.

5. Pelar y cortar la calabaza en trozos de unos 3-4 cm. Ponerlos en una fuente de horno y embadurnarlos bien con el resto de la mezcla de aceite, vinagre y especias. Incorporar la cebolla rehogada y mezclar.

6. Colocar la fuente en una bandeja en la parte baja del horno, y poner los solomillos encima sobre una rejilla, para que los jugos caigan sobre la calabaza. Hornear unos 20 minutos, dándoles la vuelta a mitad de la cocción y regándolos con el líquido que vaya soltando la calabaza.

7. Subir el horno a 220, sacar la carne, envolverla en papel de aluminio y dejar que repose 10 minutos. Dejar que la calabaza siga en el horno.

8. Filetear el solomillo en trozos de un dedo de grosor. Sacar la calabaza del horno y corregirla de sal. Poner los filetes por encima y servir con las almendras picadas repartidas por encima.

NOTA DEL COCINERO La receta se puede hacer igual con lomo, alargando el tiempo de cocción a 30-40 minutos.

MÚSICA PARA GUISAR Electric Light Orchestra, *Discovery* (1979).

10. TARTA DE LIMÓN Y MERENGUE

La tarta de limón y merengue es ultraclásica en su planteamiento, pero tomándola te sientes un poco «señora que va a tomar el té a Embassy» o a cualquier otra cafetería elegante fuera de Madrid. Es fina, ligera, perfectamente equilibrada... ideal para quedar bien cuando invitas a otras señoras a merendar.

Como me gusta ponerme innovador, a veces he hecho esta tarta con lima en vez de con limón, pero he de reconocer que la versión de toda la vida queda mucho mejor. Y es que a veces los platos es mejor no tocarlos.

🔲 DIFICULTAD Un poco de destreza no viene mal.

INGREDIENTES

Para 6 personas
Masa brisa
150 g de harina
60 g de mantequilla
70 g de agua
1 cucharadita de sal
1 cucharadita de azúcar

Crema de limón
4 yemas
40 g de maizena
130 g de azúcar
100 g de zumo de limón
40 g de mantequilla a temperatura ambiente

Merengue
4 claras
50 g de azúcar glas
Unas gotas de zumo de limón
Una pizca de sal
Azúcar glas para gratinar

PREPARACIÓN

1. Mezclar la harina con la sal y el azúcar. Añadir la mantequilla fría cortada en cubitos pequeños, y desmenuzarla con la harina con la punta de los dedos hasta que quede una especie de arena gruesa. Añadir un chorrito de agua y mezclarlo todo sin amasar mucho. Dejar reposar un mínimo de 30 minutos en la nevera.

2. Precalentar el horno a 180 grados.

3. Extender la masa con rodillo sobre una superficie enharinada. Acostarla en un molde de unos 25 cm de diámetro y cortar lo que sobre con un cuchillo. Pincharla con un tenedor y taparla con papel de aluminio. Hornearla 10 minutos, quitar el papel de aluminio, y dejarla 5 minutos más hasta que coja un tono rubio. Dejar enfriar.

4. Preparar la crema batiendo las yemas con el azúcar hasta que tengan un tono amarillo claro. Añadir la mantequilla y el zumo de limón y seguir batiendo hasta que quede una crema homogénea.

5. Disolver la maizena en 200 ml de agua en un vaso.

6. Poner la mezcla de huevo en una cazuela o bol metálico al baño maría (sobre una cazuela grande con agua al fuego). Añadir la maizena e

ir removiendo hasta que coja temperatura y espese. Cuando haya espesado, verterla rápidamente sobre la tarteleta y extenderla.

7. Montar las claras a punto de nieve con la sal y las gotas de zumo. Añadir el azúcar glas poco a poco sin dejar de batir, hasta que las claras estén bien duras.

8. Extender el merengue sobre la tarta, espolvorear con azúcar glas y gratinar con el grill fuerte un par de minutos hasta que se dore, vigilando siempre para que no se queme.

 NOTA DEL COCINERO Si se quiere variar la tarta, poner zumo de naranja en vez de limón, o sustituir una tercera parte de la harina con almendra o pistacho molido.

MÚSICA PARA GUISAR Steely Dan, *Can't buy a thrill* (1972).

¿Qué es un tiramisú sin café y sin cacao? Pues un falso tiramisú, que lo único que tiene en común con el auténtico es la crema de mascarpone, los bizcochos de soletilla o *savoiardi* mojados y la disposición de ambos elementos en capas.

En comparación con el glorioso original, el falso tiramisú de mandarina, moras y grosellas resulta más fresco y quizá más ligero gracias a los jugos ácidos de las frutas. También es una buena opción para los hipersensibles a la cafeína, a los que no desvelará si lo toman por la tarde o la noche. A mí me recuerda a los sabores de las papillas infantiles de fruta, que me han seguido gustando hasta los cuarenta y dos.

Es importante mojar los bizcochos lo justo para que se empapen un poco, porque si te pasas el tiramisú se desmoronará al servirlo. También recomiendo, por el mismo motivo, usar un molde bajo.

[:] DIFICULTAD Para pasteleros inútiles.

INGREDIENTES

Para 8 personas
500 g de queso mascarpone
30 bizcochos de soletilla o savoiardi *(unos 250 g aproximadamente)*
1 kg de mandarinas
100 g de moras
100 g de grosellas
5 huevos
50 g de azúcar
2 cucharadas de licor de naranja
Azúcar glas (opcional)

1. Batir las yemas de los huevos con el azúcar hasta que cojan un tono pálido y estén esponjosas. Montar las claras a punto de nieve en otro bol.

2. Incorporar el mascarpone a las yemas con una espátula sin marear demasiado, lo justo para que se mezclen. Hacer lo mismo con las claras con movimientos envolventes, para que la crema quede esponjosa y no baje demasiado. Sumar por último el licor y mezclar.

3. Exprimir las mandarinas. Mojar los bizcochos en el zumo durante unos segundos, y formar una primera capa en la fuente. Cubrir con crema de mascarpone. Repetir la operación hasta terminar con una capa de crema. Es posible que sobren bizcochos dependiendo del molde, pero no pasa nada.

4. Guardar en la nevera tapado un mínimo de 2 horas, aunque está mejor de un día para otro. Antes de servir, repartir las moras y las grosellas sobre el falso tiramisú, y si se quiere, espolvorear con un poco de azúcar glas.

NOTA DEL COCINERO Si no encuentras moras y grosellas o te niegas a pagarlas a precio de caviar Beluga, el remate final se puede hacer con la fruta que te dé la gana.

MÚSICA PARA GUISAR Crosby, Stills, Nash & Young, *4 way street* (1971).

¿Habéis comido alguna vez esas galletas bretonas arenosas que son pura mantequilla? Pues eso es más o menos el *sablée*. Una delicia un poquitín engordante que, para desgracia de los que están en la *operación bikini*, crea adicción una vez que se prueba. Además es una de las masas más simples y rápidas de preparar, con lo que no hay excusas para no zambullirse en ella.

Como el *sablée* bretón es bastante contundente, se recomienda consumirlo acompañado de frutas tirando a ácidas que aligeren el conjunto. En este caso he usado cerezas aderezadas con un poco de ralladura de lima y menta. Eso sí, para que el postre resulte orgiástico yo pongo entre la galleta y la fruta una capita de lácteo que añada cremosidad. Después de probar con nata montada y con ricota, no me quedo con ninguna de las dos, así que propongo una mezcla que una la lujuria de la primera con el carácter y el punto salado de la segunda.

🎲 DIFICULTAD Para personas sin criterio.

INGREDIENTES

Para 6 personas
Masa
2 yemas de huevo
100 g de azúcar
100 g de mantequilla
150 g de harina
50 ml (unas tres cucharadas) de leche entera
7 g de levadura Royal o similar

Crema
100 g de nata líquida
100 g de ricota
25 g de azúcar

Fruta
300 g de cerezas maduras
1 lima
Unas hojas de menta

PREPARACIÓN

1. Precalentar el horno a 180 grados.

2. Blanquear las yemas con el azúcar batiéndolas bien en un bol. Añadir la leche, la mantequilla pomada (blanda, a temperatura ambiente) y la harina mezclada con la levadura Royal. Formar una masa homogénea y ponerla sobre papel de horno.

3. Cubrir la masa con otra hoja de papel de horno, y estirarla con un rodillo hasta 1 cm de grosor. Ponerla encima de una bandeja de horno, y quitar la hoja de papel de arriba (si se despega mal, dejarla y hornearla con ella, no pasa nada). Hornear hasta que se dore. Se hace rápido, en unos 10 minutos, así que hay que estar vigilando.

4. Sacar del horno y, sin dejar que se enfríe, cortar con un cuchillo en la forma que queramos (un rectángulo grande, cuadrados o rectángulos de ración, o círculos u otras formas con un cortador de galletas). Dejar enfriar. Los restos se pueden tomar como galletas.

5. Echar el azúcar en la nata líquida y montarla batiéndola con unas varillas. Batir la ricota. Unir ambas cosas en un bol haciendo movimientos suaves y envolventes con una espátula.

6. Despepitar las cerezas con la mano, intentando romperlas lo menos posible. Rallar la lima y mezclar una cucharadita de la ralladura y una cucharada de su jugo con las cerezas. Hasta aquí se puede hacer con antelación.

7. Antes de servir, cubrir con una capa de crema el *sablée* (puede sobrar), y acabar con las cerezas. Decorar con un poco de menta picada y servir.

NOTA DEL COCINERO El *sablée* se puede acompañar con cualquier fruta, o incluso comerlo solo como galleta. Untado en chocolate también está brutal.

MÚSICA PARA GUISAR The Crookes, *Dreams of another day* (2010).

1. ENSALADA DE HINOJO, HABITAS Y PARMESANO

El hinojo es un bulbo muy utilizado en la cocina italiana, pero no demasiado en la española. A mí me encanta porque en crudo es muy fresco, crujiente con un pequeño toque anisado nada empalagoso. Manejarlo no tiene ninguna ciencia: lo único que hay que procurar es cortarlo bien finito, a poder ser con una cortadora, mandolina o cuchillo afilado.

Por suerte, el hinojo, del que también se usan las semillas como especia, cada vez es más habitual en las fruterías y los mercados de aquí, aunque a veces te lo cobran a precio de plutonio a pesar de ser un vegetal que crece en cualquier lado. En cuanto a las habas, para esta receta es imprescindible pelarlas si son grandes porque su piel es demasiado basta para ser consumida en ensalada. No cuesta nada hacerlo y compensa por textura y por color, puesto que el verde siempre luce más que el gris.

🐲 DIFICULTAD Para los que sólo saben hacer ensaladas.

INGREDIENTES

Para 4 personas
2 hinojos medianos
250 g de habas
1 patata grande (opcional)
75 g de queso parmesano
½ cebolleta
1 cucharada de alcaparras
1 cucharada de perejil picado
2 cucharadas de zumo de limón
8 cucharadas de aceite de oliva virgen extra
Sal y pimienta negra

1. Picar la cebolleta en juliana y dejarla en remojo con el zumo de limón, para que pierda potencia.

2. Cocer las habas en agua abundante hirviendo con sal durante unos 5 minutos, hasta que el interior de las más grandes esté tierno. Pasarlas por agua fría y pelarlas para quitarles la piel grisácea. Reservar.

3. En un bote con tapa, juntar la cebolleta con el zumo de limón, el aceite, las alcaparras, la sal y la pimienta. Tapar y agitar bien para que emulsione. Reservar.

4. Desechar las dos capas exteriores de cada hinojo. Cortar los bulbos en láminas finas hasta llegar al tallo. Reservar las hojitas para decorar.

5. Si se va a usar la patata, cortarla en láminas finas y cocerla en agua abundante con sal durante unos 10-15 minutos, hasta que esté tierna pero entera. Sacarla, escurrirla y dejar que se seque un poco. Ponerle un poco de aceite y sal y reservar.

6. Disponer la ensalada de la siguiente forma: primero la patata, si se usa; luego el hinojo y las habas. Aliñar con la vinagreta y poner por encima el perejil, el parmesano en lascas y un poco más de pimienta negra. Añadir un poco más de aceite y sal si es necesario justo antes de comerla.

NOTA DEL COCINERO Si se quiere un plato más consistente, se puede añadir patata cocida. Y para refrescarla aún más, naranja.

MÚSICA PARA GUISAR Dusty Springfield, *Dusty in Memphis* (1969).

2. ENSALADA DE JUDÍAS VERDES, PATATA Y BONITO

Ésta es una ensalada clásica que combina verdura cocida y fresca (la *niçoise*) con una pequeña variante que en mi opinión la convierte en un manjar: el bonito fresco a la plancha.

Aparte de su exquisito sabor, yo destacaría dos virtudes del plato. Por un lado, que es ligero y no te pones como una foca al comerlo. Por otro, resulta muy completo, puesto que incluye hidratos de carbono (patata), verdura (judías verdes y tomate) y proteínas (huevo y bonito). Vamos, que es perfecto, por ejemplo, para llevárselo al trabajo en un tupper. Eso sí, siempre con el aliño aparte para añadirlo en el último momento, que si no llegará hecho un cristo.

Ah, y sé que cortar las judías en tiras finas lleva su curro pero de verdad que compensa. Para presumir, hay que sufrir.

🕹 **DIFICULTAD** Baja.

INGREDIENTES

Para 4 personas
4 huevos
400 g de patatas
400 g de judías verdes
600 g de bonito limpio de piel y espinas y cortado en rodajas gruesas
4 tomates pequeños
½ cebolla roja
8 cucharadas de aceite de oliva virgen extra
2 cucharadas de vinagre de vino
Perejil
Sal y pimienta negra

1. Quitar los bordes a las judías verdes con un pelador, y cortarlas longitudinalmente en tiras finas (2 o 3 por vaina). Poner a hervir en una cazuela grande agua con sal. Cocer las judías unos 4 minutos, hasta que estén tiernas pero enteras. Reservar.

2. Pelar las patatas y cocerlas entre 12 y 15 minutos en la misma agua. Reservar.

3. Cocer los huevos 5 minutos en la misma agua. Enfriar con más agua, pelar y reservar.

4. Pelar la cebolla en tiras gruesas, suficientemente grandes para que se pueda apartar si se quiere al comer la ensalada. Pasar por la plancha el bonito dejándolo al punto que nos guste. Un minuto y medio por cada lado a fuego vivo suele ser suficiente para que quede rosadito y jugoso por dentro. Salpimentar y reservar.

5. Preparar la vinagreta poniendo en un bote el aceite, el vinagre, dos cucharadas de perejil picado, y una pizca generosa de sal y pimienta negra. Agitar hasta que emulsione y quede homogénea.

6. Cortar los tomates en 4 gajos. Mezclar las judías, las patatas cortadas en rodajas, el tomate y la cebolla. Disponer encima el atún troceado en láminas y los huevos poché. Justo antes de comer, cortar el huevo y rociar con el aliño.

 NOTA DEL COCINERO Si no encuentras tomate maduro, se puede añadir zanahoria ligeramente cocida.

MÚSICA PARA GUISAR Os Mutantes, *Os Mutantes* (1968).

3. *FUSILLI* CON SALSA DE TOMATES SECOS

Soy un gran fan del tomate seco, ese invento italiano que no sólo permite conservar el tomate durante mucho tiempo, sino que lo transforma concentrando al máximo su sabor. De hecho, es un producto tan potente que hay que combinarlo con cierta prudencia. Para mí, como mejor resulta es como acompañamiento de una base muy neutra, como puede ser la pasta, el queso fresco, el aguacate o, si se toma en bocadillo, con un fiambre suave tipo jamón york o pechuga de pavo. También está muy bueno como condimento de un pan o de unas madalenas mediterráneas.

De esta receta, adaptada del blog *The Pioneer Woman*, me gusta la elección del tipo de pasta, porque los *fusilli*, con su forma de tornillo, recogen muy bien la salsa de tomate seco. Los tomatitos cherry y la albahaca le dan la frescura exigible a cualquier ensalada. Es posible que sobre salsa, que se puede usar para canapés.

⊡ DIFICULTAD Para gremlins.

INGREDIENTES

Para 4 personas
500 g de fusilli (o, en su defecto, de macarrones)
100 g de tomates secos
150 g de tomatitos cherry
50 g de aceitunas verdes
100 g de queso parmesano rallado
1 diente de ajo
2 cucharadas de albahaca picada
3 cucharadas de vinagre rojo

100 ml de aceite de oliva virgen
Pimienta negra
Sal

Y si se rehidratan los tomates:
1 cucharada de vinagre de Módena
2 dientes de ajo
1 cucharada de orégano
Aceite de oliva

PREPARACIÓN

1. Los tomates se pueden comprar de bote, ya listos, o secos por rehidratar. En este último caso, simplemente hay que hervirlos 5 minutos con agua y vinagre de Módena. Escurrir y repartir sobre una bandeja cubierta de papel de cocina para que se sequen. Llenar un tarro con ellos y aplastarlos un poco para que se queden prensados en el fondo. Cubrir con aceite de oliva y añadir el ajo y el orégano. Dejar como mínimo unas horas. Estos tomates se conservan durante muchos días así siempre que estén totalmente cubiertos por el aceite.

2. Triturar los tomates secos con el vinagre y un poco de sal y pimienta. Ir añadiendo el aceite de oliva según se tritura, para que se vaya ligando. Añadir el ajo partido en dos. Dejarlo como mínimo una hora para que los sabores se sumen, y retirar el ajo justo antes de que se vaya a usar (o si se prefiere, triturarlo también).

3. Cocer la pasta siguiendo las instrucciones del envase, para conseguir que quede al dente. Escurrirla y pasarla por agua fría para cortar la cocción.

4. Aliñar la pasta con dos terceras partes del preparado de tomate seco. Remover bien. Añadir las aceitunas picadas, los tomatitos cherry, el queso parmesano y la albahaca, y remover. Añadir más aliño de tomates secos al gusto, y un chorrito extra de aceite si se ve un poco seco. Probar y corregir de sal y pimienta. Añadir más queso rallado si se quiere.

NOTA DEL COCINERO Si se rehidratan los tomates en casa, conviene hacer más cantidad que la que indica esta receta. Se conservan muy bien y tienen muchos otros usos.

MÚSICA PARA GUISAR La Casa Azul, *La revolución sexual* (2007).

A no ser que seáis de Nápoles o fans de *Los Soprano*, imagino que al oír la palabra *ziti* os quedaréis igual que antes. Pues bien, se trata de un tipo de pasta típica de la capital de la Campania, que en mi supina ignorancia yo desconocía hasta que la cociné en casa de una amiga.

Si un macarrón y un espagueti tuvieran hijos, serían *ziti*: son tubulares y huecos como el primero y largos como el segundo. Según Barilla, una marca que los fabrica, su nombre proviene de la expresión *pasta di zita* (pasta de la esposa, en dialecto napolitano), y se tomaban en ocasiones especiales como los bodorrios.

Habitualmente se rompen en cuatro trozos antes de cocerlos, pero yo me enteré de este pequeño detalle después de echarlos a la olla. Así que nada, cenamos *ziti* al estilo vasco bestia que no se informa antes de hacer las cosas. Para el acompañamiento, eso sí, me esmeré: preparé un poco de pesto de nueces (locales; evitad las de California, que son insípidas y grasientas), y unas alcachofas (o *algachofas*, como dice otra amiga mía) espectaculares recién llegaditas de Sant Boi. Para acabar de liarla le puse un poco de aceite aromatizado con trufa, y el resultado fue explosivo. Y lo mejor es que tardé como media hora en hacerlo todo.

No os estreséis si no encontráis *ziti* por ningún lado: el plato funcionará bien con macarrones, *rigatoni* o *penne*.

▦ DIFICULTAD Para zotes.

INGREDIENTES

Para 4 personas
400 g de ziti o de cualquier otra pasta tubular
6 alcachofas de tamaño mediano

40 g de nueces
50 g de queso parmesano
20 g de albahaca
1 diente de ajo
1 cucharadita de ralladura de naranja
1 cucharada de aceite aromatizado con trufa (opcional)
1 limón
Aceite de oliva
Sal

PREPARACIÓN

1. Preparar un bol con agua y el zumo del limón para ir echando las alcachofas según las vayamos pelando. Eliminar las hojas exteriores de las alcachofas hasta que la base se vea amarilla. Pelar el tallo y cortarle el extremo. Cortar la punta dura de las alcachofas, dividirlas en cuatro trozos y después cada uno en dos.

2. Saltear las alcachofas en una sartén grande con un poco de aceite de oliva y una pizca de sal a fuego medio-fuerte unos 5 minutos. Añadir un vaso de agua, bajar el fuego a medio y cocer unos 8 minutos tapadas y otro tanto destapadas, hasta que el líquido haya casi desaparecido y estén tiernas.

3. Mientras, poner a calentar agua abundante con sal en una cazuela grande.

4. Pelar y cortar el diente de ajo transversalmente. Retirarle el germen. Triturar el diente de ajo en un robot de cocina o con la batidora. Añadir la albahaca y triturar un poco. Incorporar las nueces y triturarlas, pero no en exceso (no debe quedar una pasta homogénea, sino

con granos). Rallar el queso, añadirlo y mezclar bien. Terminar incorporando la ralladura de naranja y el aceite de trufa si se tiene, y después añadir aceite de oliva poco a poco mientras se va mezclando, hasta que quede una textura cremosa. Reservar.

5. Cocer la pasta (troceada previamente si son *ziti*) un poco menos del tiempo que indique el paquete, porque si la recalentamos en la oficina se acabará de hacer. Reservar un cazo (unos 50 ml) de agua de la cocción y escurrir la pasta.

6. Devolverla a la cazuela, añadir el agua, ocho cucharadas de pesto y las alcachofas y remover bien para que los sabores se mezclen. Servir con más pesto aparte si se quiere. Si se recalienta, añadir un par de cucharadas de agua.

🕱 NOTA DEL COCINERO Conviene hacer pesto en abundancia, y guardar si sobra. Bien cubierto de aceite dura bastante en la nevera.

🎧 MÚSICA PARA GUISAR Serge Gainsbourg, *Comic strip* (1996).

5. ENSALADA DE LENTEJAS Y ESCALIVADA

Esta ensalada es una variación de la escalivada. Los dos vegetales que lleva son los más típicos del plato catalán, pero en vez de tostarlos al fuego, aquí se hacen sólo al horno, con el grill bien fuerte. A la dulzura de la cebolla y el pimiento asados se suma la contundencia y las proteínas de las lentejas y la ligereza fresca del perejil.

El plato, original del restaurante Moro, se puede tener preparado con antelación, siempre que el aliño se añada en el último momento. Es perfecta para llevarla en un *tupper* al trabajo, junto a un pollo o un filete empanados. Así comes sano y te saltas el habitual rancho grasiento del restaurante de menú de al lado de tu oficina.

DIFICULTAD Poca. Sólo se necesita cierta habilidad para no quemar / dejar crudas las cebollas.

INGREDIENTES

Para 4 personas
4 cebollas tiernas medianas
2 pimientos rojos
200 g de lentejas cocidas
1 manojo de perejil
5 cucharadas de aceite de oliva extra virgen
1 cucharada de vinagre de Jerez de calidad
Una pizca de azúcar
1 o 2 dientes de ajo
Sal y pimienta negra

1. Si las lentejas se han cocido en casa, reservar una cucharada del caldo para el aliño.

2. Preparar la vinagreta mezclando el aceite, el vinagre, el ajo, el azúcar, sal y pimienta. El ajo se puede poner de dos formas: majando un diente con sal hasta que se haga una pasta, o, si te sienta mal, cortando dos dientes en trozos con tamaño suficiente para que los puedas retirar al comer la ensalada.

3. Añadir, si se tiene, el caldo de lentejas, y agitar bien todo en un bote para que emulsione (ojo, no usar nunca el líquido de las lentejas de bote).

4. Precalentar el horno con el grill a 240-250 grados. Poner en una bandeja de horno las cebollas y los pimientos, y hornearlos durante unos 20 minutos (o más) por cada lado, hasta que estén bien tostados (en el caso de los pimientos, negros) y blandos. Sacarlos y meterlos en una bolsa de plástico para que se ablanden más. Cuando los pimientos y las cebollas se hayan templado un poco, quitarles la piel quemada y cortarlos en trozos grandes, como de 5 cm. Mezclarlos en un bol con las lentejas y las hojas de perejil arrancadas de las ramas con la mano.

5. Antes de comer la ensalada, aliñarla con la vinagreta y corregir de sal y pimienta.

🔲 NOTA DEL COCINERO El plato admite berenjena asada o garbanzos en vez de lentejas.

🎧 MÚSICA PARA GUISAR Martin Stephenson and The Daintees, *Boat to Bolivia* (1985).

6. GARBANZOS CON GAMBAS

La idea de hacer garbanzos con gambas no proviene de una sesuda investigación en plan Ferran Adrià, sino de un simple capricho. Un día vi a alguien comiéndose una ración en una terraza al lado de casa y no paré hasta que los hice, en plan antojo de embarazada. Es una combinación que me vuelve loco, y que al menos yo sólo he probado en Cataluña.

No sé si existirá una receta canónica del plato. Ésta es mi interpretación totalmente libre y guiada por la intención de conservar los puntos y los sabores de los ingredientes. Dos recomendaciones: usa una gamba decente, a poder ser roja, aunque sea congelada, y no te cortes con las cantidades de aceite, porque lo peor que les puede pasar a los garbanzos es que queden secos.

DIFICULTAD Para microcerebros.

INGREDIENTES

Para 4 personas
600 g de garbanzos cocidos y a temperatura ambiente
400 g de gambas enteras
2 dientes de ajo
3 pimientos choriceros o ñoras
100 ml de brandy
50 ml de caldo de pescado (en su defecto, agua)
1 cucharadita de pimentón dulce o picante al gusto
Aceite de oliva
Sal

PREPARACIÓN

1. Separar las cabezas de las gambas y pelar las colas. Reservar en la nevera.

2. Romper los pimientos choriceros o las ñoras y ponerlos en agua hirviendo unos 5 minutos para que se rehidraten. Sacar la carne de la piel con una cuchara, aplastarla con un tenedor y desleírla en el caldo o en la misma cantidad de agua (unas 4 cucharadas). Reservar.

3. Cortar los ajos en láminas y dorarlos en unas 8 cucharadas de aceite de oliva en una sartén grande a fuego suave, hasta que cojan un tono rubio. Añadir las cabezas de las gambas y dorar unos 3 o 4 minutos, aplastándolas con una cuchara de madera para que suelten su jugo. Añadir el brandy y dejar que reduzca un par de minutos.

4. Añadir el pimiento choricero disuelto en caldo o agua, el pimentón y una pizca de sal. Dar una vuelta, sacar las cabezas de las gambas y, cuando tenga consistencia de salsa, añadir las colas de las gambas. Justo cuando se blanqueen, sin dejar que se pasen, sumar los garbanzos, dar una vuelta al conjunto y corregir de sal. Añadir un chorrito de aceite de oliva extra virgen.

🐙 **NOTA DEL COCINERO** Una buena forma de evitarte el peñazo de pelar los pimientos choriceros es comprar la carne en bote.

🎧 **MÚSICA PARA GUISAR** Suede, *Coming up* (1996).

Además de una gallina de *Barrio Sésamo*, la *caponata* es un guiso de berenjenas típico de Sicilia. Pariente lejano del pisto, se diferencia de él en su característico toque agrio, proporcionado por el vinagre y por encurtidos como las aceitunas y las alcaparras.

Además, la *caponata* se suele servir fría, por lo que bien puede considerarse como una ensalada.

Conocí este plato a principios de este año en Sicilia, donde estuve a punto de morir de *dobledosis* de tanto pedirlo. Confieso que mis intentos de reproducirlo en casa han tenido resultados desiguales: unas veces se han acercado tanto al original como una tortilla de patatas hecha en Corea del Norte, pero con otras he tenido viajes astrales a la isla italiana con sólo probar el primer bocado.

El motivo de tal irregularidad no es otro que la calidad de las berenjenas y el vinagre. Si la berenjena es chunga y está llena de semillas, sale mal. Si el vinagre es de marca blanca y medio euro, ídem. Pero teniendo un poco de cuidado con estos dos ingredientes, se trata de un plato en el que es bien fácil alcanzar resultados dignos.

Hay muchas y muy diferentes maneras de preparar la *caponata*. Mi receta es una variación de la del libro *Los tesoros de la cocina siciliana* (PS Advert Edizioni).

☠ DIFICULTAD Bajita como una vieja siciliana.

INGREDIENTES

Para 4 personas
4 berenjenas (1 kg aproximadamente)
100 g de aceitunas verdes deshuesadas

2 cucharadas de piñones
1 cucharada de pasas sin pepitas
1 cucharada de alcaparras
2 ramas de apio, con las hojas
500 g de tomate maduro
½ cebolla
1 manojo de albahaca
100 ml de vinagre blanco de calidad
1 cucharada de azúcar
Aceite de oliva virgen
Aceite de girasol
Pimienta
Sal

PREPARACIÓN

1. Lavar las berenjenas y trocearlas en dados grandes, de unos 4 o 5 cm (si son pequeños, absorben demasiado aceite). Colocarlas en un escurridor, salarlas y dejarlas reposar durante al menos una hora para que pierdan agua de vegetación.

2. Pelar, despepitar y picar los tomates.

3. Rehogar la cebolla y el apio en una cazuela con abundante aceite de oliva. Cuando estén blandos, añadir los piñones, las pasas, las alcaparras y las aceitunas. Un minuto después agregar el tomate y las hojas de albahaca troceadas con la mano y salpimentar. Dejar que se haga durante 10 minutos, y añadir entonces el vinagre en el que previamente habremos disuelto el azúcar. Dejar que reduzca un par de minutos más, y reservar.

4. Aplastar bien las berenjenas para que suelten más agua, y secarlas un poco con papel de cocina o con un trapo. Freírlas en abundante aceite de girasol, e ir dejándolas sobre un plato con más papel de cocina que chupe el exceso de grasa.

5. Unir las berenjenas al sofrito y dejarlo enfriar.

NOTA DEL COCINERO Está buenísima con unas tostaditas o como acompañamiento de carne o pollo.

MÚSICA PARA GUISAR Jorge Ben, *Favourites: From Samba Esquema Novo to Africa Brasil* (2008).

Por mucho que me horrorice el concepto de «cocina-fusión» que venden muchos restaurantes, soy el primero en mezclar ingredientes o técnicas de distintas zonas cuando me conviene. Así de contradictoria es la vida: te pones furioso cuando ves en una carta un churro malagueño con culís de maracuyá y mayonesa de wasabi, y luego haces cosas parecidas en tu casa.

Claro que nunca llego a los delirios que se ven en esos locales *moderniquis* en los que malinterpretan las estudiadas fusiones de los grandes cocineros y buscan el batiburrillo para impresionar a los papanatas. Soy consciente de que muchos platos tradicionales surgen de la mezcla de culturas, pero trato de mantenerme discretito en este terreno: le pongo algo de allá a un plato de aquí o me limito a unir cosas que por cercanía ya están emparentadas de alguna forma.

Es el caso de este bonito encebollado con pasas y piñones, de clara ascendencia catalana pero cuya gracia está en un ingrediente tan andaluz como el oloroso. La cebolla pochada lentamente y rematada con este vino puede acompañar a casi cualquier cosa, y junto al atún y los frutos secos es sencillamente insuperable.

🎲 DIFICULTAD Para repetidores de 1.º de Cocina.

Para 4 personas
800 g de lomos de bonito limpios de piel y espinas
3 cebollas grandes
30 g de pasas sin semilla
30 g de piñones

2 dientes de ajo
200 ml de vino oloroso seco (vino rancio también vale)
Aceite de oliva
Sal

PREPARACIÓN

1. Cortar los lomos del bonito en rodajas de unos 2 cm (se puede pedir que lo hagan en la pescadería). Ponerlo a marinar en una fuente o tupper con una tercera parte aproximadamente del vino, las pasas y los ajos cortados en láminas finas. Meter en la nevera y dejar como mínimo una hora.

2. Cortar la cebolla en juliana fina y rehogarla en una sartén o cazuela grande con un chorro de aceite a fuego medio. Cuando la cebolla se haya ablandado, bajar el fuego, salarla y dejar que se haga durante unos 30 minutos tapada, removiendo de vez en cuando. Destaparla, y hacerla 15 minutos más hasta que esté dulce y muy blanda. Subir el fuego al medio y dejar que se dore del todo 5 minutos removiendo con frecuencia para que no se queme.

3. Añadir el vino restante y dejar que reduzca casi del todo. Mantener caliente.

4. Tostar los piñones en una sartén grande a fuego medio y con un chorrito de aceite, con cuidado de que no se quemen. Cogerlos con una espumadera.

5. Sacar el bonito de la marinada y escurrirlo bien. Retirar los ajos y reservar el líquido. Subir el fuego y en la misma sartén de los piñones, con un poco más de aceite si es necesario, marcar el bonito un minuto

por cada lado, lo justo para que se dore. Salarlo y echarle por encima la cebolla y los piñones.

6. Añadir el líquido con las pasas al bonito. Dejar que se caliente un minuto, remover meneando la sartén y corregir de sal. Recalentar suave para que el pescado no se quede como la suela de un zapato.

NOTA DEL COCINERO El oloroso puede ser difícil de encontrar en algunas zonas, pero se consigue en bodegas y tiendas de vino e incluso Carrefour lo vende de marca blanca.

MÚSICA PARA GUISAR Camarón, *La leyenda del tiempo* (1979).

Los conejos alimentados con romero que venden en algunas carnicerías son un gran descubrimiento. Su carne tiene un gusto diferente, ligeramente aromático. No sé qué pensarán del asunto los propios conejos, pero a mí me encantaría que pusieran esta planta en mi dieta, aunque fuera para comerme después.

Con la idea de conjuntar el romero con otra hierba distinta, y de paso aprovechar restos de botellas de sidra, me inventé este plato de conejo guisado con estragón. La salsa que salió es de esas que te puedes zampar dos barras de pan untándola.

El conejo alimentado con romero no es imprescindible en absoluto: se puede usar uno *vulgaris* y añadir un poco de la hierba. El estragón fresco se puede sustituir por una cucharadita de seco.

🎲 DIFICULTAD La de dar con el estragón.

INGREDIENTES

Para 4 personas
1 conejo troceado para guisar
2 cebollas
2 dientes de ajo
300 ml de sidra (a poder ser natural, no espumosa)
500 ml de caldo de pollo
2 ramitas de estragón fresco
Una pizca de romero picado (puede ser seco, en polvo)
1 cucharada de azúcar
Harina
Aceite de oliva, sal y pimienta negra

1. Pelar y picar la cebolla.

2. Poner harina en un plato hondo. Calentar un chorro de aceite en una cazuela grande a fuego medio. Salpimentar el conejo, enharinarlo bien y dorarlo en la cazuela. Sacarlo y reservarlo cubierto con papel de aluminio o film para que no se seque.

3. Bajar el fuego y pochar la cebolla en la misma cazuela hasta que esté bien blanda (unos 20-30 minutos), con cuidado de que no se queme. Salarla ligeramente a mitad de la cocción. Añadir los dientes de ajo sin pelar y rehogar un minuto más. Mojar con la sidra, subir el fuego y dejar que suelte el alcohol un par de minutos.

4. Sumar el caldo, el conejo, el romero, una pizca de sal y, si la sidra es natural y no dulce, una cucharada rasa de azúcar. Cuando hierva, tapar y cocer a fuego suave 30 minutos. Sacar las costillas, que es lo que primero se hace, y mirar si el lomo y las patas se despegan bien del hueso. Si no, guisar 10 minutos más. En el último minuto, añadir 2 ramas de estragón. Dejar que el guiso se enfríe tapado.

5. Volver a sacar los trozos de conejo, colar la salsa en un chino y reducirla al fuego si ha quedado demasiado líquida. Corregir de sal y añadir el conejo a la salsa. Acompañar de arroz blanco o cuscús.

NOTA DEL COCINERO Como casi todos los guisos, está mejor de un día para otro. Y como casi siempre con el conejo, se puede reemplazar por pollo.

MÚSICA PARA GUISAR She & Him, *Volume Two* (2010).

A veces las buenas recetas vienen de los sitios más inesperados. Esta ternera con vino, chocolate y cebollitas llegó a mis manos en una especie de *flyer* con cuatro recetas que la Promotora de Exportaciones Catalana repartía en una feria en Barcelona. Las otras tres eran una pierna de cordero rellena de finas hierbas, un arroz caldoso con mejillones y una estupenda cazuela de alcachofas, butifarra y judías blancas.

Según el folleto, el coste por persona de la ternera eran 2,30 euros. O sea, muy barato y adecuado a estos tiempos. La receta me llamó la atención porque cocía el estofado en el horno (yo normalmente lo había hecho siempre en la cocina), y por el detalle final del chocolate. ¿Qué os voy a decir del resultado?: la carne se deshace en la boca y la salsa es simplemente sublime.

DIFICULTAD Baja.

INGREDIENTES

Para 4 personas
1 kg de ternera para guisar cortada en dados grandes
200 g de zanahoria
200 g de cebolla
50 g de harina
200 ml de vino tinto
200 g de cebollitas pequeñas (si se encuentran)
25 g de chocolate negro
Aceite de oliva extra virgen
Tomillo y sal

1. En una cazuela grande que se pueda meter al horno, saltear la ternera a fuego vivo con un buen chorro de aceite de oliva. Sacar, salar y reservar la carne. En el mismo aceite, rehogar la cebolla y la zanahoria picadas a fuego suave durante unos 20-30 minutos, hasta que estén blandas.

2. Precalentar el horno a 200 grados.

3. Espolvorear la harina por encima de la cebolla y la zanahoria y remover. Añadir el tomillo, mojar con el vino tinto y remover. Dejar que evapore el alcohol un minuto o dos. Mojar con 2 litros de agua. Salar y volver a poner la carne en la cazuela.

4. Cocer tapado en el horno durante 2 horas. Sacar la ternera y colar la salsa, desechando la cebolla y la zanahoria, que ya habrán aportado todo el sabor y los nutrientes.

5. Escaldar las cebollitas medio minuto en agua hirviendo para poder pelarlas con más facilidad. Añadirlas a la salsa y cocerlas destapadas hasta que estén tiernas (unos 15 minutos).

6. Volver a poner la ternera con la salsa, y fuera del fuego, espolvorear el chocolate picado y remover hasta que quede completamente disuelto. Recalentar el plato con suavidad.

NOTA DEL COCINERO El estofado se puede guarnecer con unas zanahorias al vapor o unas setas salteadas.

MÚSICA PARA GUISAR Daft Punk, *Discovery* (2001).

Las fresas maceradas con crema de requesón son un postre más sencillo imposible alternativo a las más cotidianas fresas con azúcar o leche condensada. Esta fruta saca lo mejor de sí misma macerada con un
poco de vinagre —una forma cursi de decir que se pone un poco más
dulce—, y su acidez contrasta muy bien con los quesos frescos.

Las proporciones de fruta y crema de requesón son orientativas: si
lo quieres hacer más contundente o más ligerito sólo tienes que subir
un elemento u otro.

DIFICULTAD Para bebés.

INGREDIENTES

Para 4 personas

500 g de fresas
150 g de requesón o ricota
100 g de yogur
4 galletas grandes integrales, de avena o tipo Digestive
4 cucharaditas de cruesli o cereales crujientes
100 g de miel
1 cucharada de vinagre balsámico

PREPARACIÓN

1. Quitar los tallos a las fresas y cortarlas en cuartos. Ponerlas en un
bol con la mitad de la miel y el vinagre, remover bien y dejarlas macerando un mínimo de una hora en la nevera.

2. Mientras, preparar la crema de requesón mezclándolo con el yogur y el resto de la miel (si el yogur ya es azucarado, añadir lo justo para que quede un poco dulce pero no demasiado). Batir hasta obtener una mezcla homogénea.

3. Cuando las fresas ya estén maceradas, escurrir bien el líquido, y mezclar 4 cucharadas del mismo con la crema de queso. Reservar el resto.

4. Desmigar con las manos en grueso las galletas en otro bol, y echarles el resto del líquido de las fresas por encima.

5. Montar el postre alternando capas de crema de queso, galleta y fresas, terminando con una de fresas. Repartir el cruesli por encima y ya está.

NOTA DEL COCINERO La receta admite combinaciones con toda clase de frutas. Elige las que estén en temporada y triunfarás.

MÚSICA PARA GUISAR Röyksopp, *Junior* (2009).

precocinados
caseros

1. ENSALADA DE PATATAS, ROMERO Y BACON

Las ensaladas de patata son un clásico del verano. Este baratísimo ingrediente tiene la capacidad de combinar bien con todo, y su delicioso sabor brilla con especial intensidad cuando se embadurna con un aliño potente y resultón. ¿Que engorda? No si se toma con moderación, y sin bañarlo en salsas grasientas y pesadas.

Además, las ensaladas de patata son la guarnición perfecta para carnes y pescados de toda clase. Ésta con bacon, romero y limón funciona muy bien como acompañamiento de un bonito del norte a la parrilla, sencillamente marinado con aceite y ajo. La mezcla es imbatible, y puede tener una segunda vuelta aún más poderosa horas después, con los restos del pescado fríos desmigados por encima y un chorrito de aceite extra. ¡La recena perfecta!

DIFICULTAD Para necios.

INGREDIENTES

Para 4 personas
500 g de patatas
8 lonchas de bacon
1 diente de ajo
1 limón
1 cucharada de romero fresco picado
1 cucharada de perejil picado
Queso manchego curado rallado (opcional)
Aceite de oliva virgen extra
Sal y pimienta negra

1. Precalentar el horno a 200 grados.

2. Rallar el limón y mezclar la ralladura con el zumo del mismo en un bol pequeño. Añadir el romero y el perejil, el ajo, bien machacado en un mortero o simplemente aplastado con el lado de un cuchillo para retirarlo después (depende de la potencia de este sabor que guste), media cucharadita de sal y una pizca de pimienta. Ir añadiendo poco a poco unos 150 ml de aceite de oliva y batiendo.

3. Extender en una bandeja de horno las lonchas de bacon quitándoles la corteza dura y los trozos de hueso si los tienen. Hornear unos 20 minutos hasta que estén crujientes, vigilando que no se quemen. Sacarlas y dejarlas escurriendo sobre papel de cocina para que pierdan el exceso de grasa.

4. Mientras el bacon se hace, limpiar bien las patatas y cocerlas con piel en agua hirviendo con sal hasta que estén tiernas (entre 20 y 25 minutos, dependiendo del tamaño). Escurrirlas y dejar que se enfríen.

5. Pelar si se quiere las patatas (también están buenas con piel), cortarlas en rodajas gruesas y extenderlas en una fuente grande. Trocear el bacon por encima, y en el último momento, aliñar con la vinagreta y corregir de sal. Terminar, si se quiere, con el queso rallado.

NOTA DEL COCINERO Unos champiñones macerados en vinagre pueden sustituir muy bien al bacon si se quiere vegetarianizar el plato.

MÚSICA PARA GUISAR Julieta Venegas, *Sí* (2003).

Como vasco nacido en los sesenta que soy, permanecí mis buenos años al margen del concepto de «sopa fría». Una sopa, en mi casa, era por definición algo caliente, y en esos maravillosos veranos con 30 días nublados y 20 de lluvia tampoco es que el instinto te llevara a crear líquidos helados raros con las verduras. Igual éramos un poco paletos, pero tampoco me suena haber visto nada así en casa de ningún amigo, a no ser que tuviera familia de otras partes de España.

Ahora que ya tengo algo de mundo encima, creo que tomar un gazpacho es el segundo mayor placer gastronómico que puedes tener en un día caluroso —el primero es un vaso de agua fría—, y no me cabe en la cabeza un verano sin ellos. Un gran descubrimiento en este campo es este gazpacho sin tomate. La verdura que uso, el calabacín, tiene un papel totalmente secundario, casi de puro relleno vegetal, porque las estrellas aquí son la albahaca y la hierbabuena. Si te ponen otras finas hierbas como el hinojo, el cilantro o el estragón, tú mismo.

DIFICULTAD Para negaciones absolutas en la cocina.

INGREDIENTES

Para 4 personas
50 g de hojas de hierbabuena (un buen manojo)
50 g de hojas de albahaca (ídem)
2 huevos
100 g de miga de pan
1 calabacín no muy grande
2 dientes de ajo

200 ml de aceite de oliva virgen extra
3 cucharadas de vinagre de Jerez
Sal

1. Poner agua a hervir en una cazuela y preparar agua con hielo en un bol. Escaldar las hierbas un minuto en el agua hirviendo y pasar inmediatamente al agua helada. Escurrir y reservar.

2. En la misma agua en la que hemos escaldado las hierbas, cocer un par de minutos el calabacín picado en grueso, simplemente para que se ablande un poco. Sacar, enfriar con agua, escurrir y reservar.

3. En la misma agua, cocer los huevos 10 minutos desde que el agua vuelva a hervir. Sacarlos, desechar el agua de la cocción, dejarlos un rato en agua fría y pelarlos.

4. Remojar el pan en el vinagre y añadirle un poco de agua del grifo para que se ablande.

5. Mezclar en una batidora americana o en un vaso o bol grande para batidora normal las hierbas, los huevos, la miga de pan, el calabacín, la mitad del aceite, medio litro de agua y sal. Triturar a conciencia hasta que quede fino. Añadirle los ajos aplastados con el lado de un cuchillo (esto lo hago para poder retirarlos luego, pero si gusta más potente, se pueden triturar con los demás ingredientes). Dejar reposar en la nevera durante unas horas.

6. Antes de servir, retirar los dientes de ajo con una cuchara si es que no se han triturado. Si se ve muy espeso, echarle un poco más de agua.

Añadir el resto del aceite poco a poco mientras se vuelve a batir, para que el gazpacho emulsione y quede más cremoso. Corregir de sal y vinagre. Volver a meter a la nevera un rato si gusta muy frío, y servir.

 NOTA DEL COCINERO El gazpacho está mejor de un día para otro, y queda muy bien guarnecido con gambas, un poco de jamón o unos trocitos de manzana.

MÚSICA PARA GUISAR Kiko Veneno, *Échate un cantecito* (1992).

Si algún día vais por la Barceloneta, el antiguo barrio marinero de Barcelona, os recomiendo que paséis por el Bar 21. Es un local pequeño, bonito, cuidado pero sin muchas pretensiones, donde se sirve comida sencilla y muy bien preparada. Me gusta que, siendo un sitio relativamente nuevo, no sólo tenga ensaladas y platos aptos para modelos en la carta, sino que sirva también sopas y guisotes.

Aparte de las albóndigas, que están mortales, una de las mejores cosas que he tomado allí es la crema de lentejas rojas. Esta variante de la legumbre es más ligera y fácil de digerir que la marrón, porque se vende pelada sin el hollejo. Por ese mismo motivo se cuece en menos tiempo. De sabor yo diría que son un poco más suaves, sin ese regusto terroso tan típico de las lentejas más tradicionales.

La dueña del 21 me pasó la receta, pero como al nacer me extirparon la zona del cerebro correspondiente a la memoria como parte de un experimento científico, no recuerdo dónde puse el papelito. Así que la hago un poco a ojímetro, basándome en la propia experiencia. En cualquier caso, he de decir que sabe mucho a India, que se prepara en un pispás y que está buenísima.

💀 DIFICULTAD La de encontrar lentejas rojas.

INGREDIENTES

Para 4-6 personas
250 g de lentejas rojas (en su defecto, pardinas)
400 g de tomate natural triturado
200 g de leche de coco
500 ml de caldo de verduras

1 cebolla
2 dientes de ajo
1 cucharadita de comino
1 cucharadita de canela
1 cucharadita de cúrcuma
Aceite de oliva
Sal y pimienta negra

PREPARACIÓN

1. Pasar las lentejas por agua con ayuda de un colador.

2. Picar la cebolla. Rehogarla a fuego suave junto a los dientes de ajo en una cazuela grande con un chorro de aceite de oliva, hasta que esté transparente y blanda (unos 15 minutos).

3. Añadir las especias y removerlas un minuto para que suelten su aroma. Añadir el tomate, salpimentar y cocer 5 minutos.

4. Sumar las lentejas, la leche de coco y el caldo, y cocer a fuego suave unos 15-20 minutos o hasta que la legumbre esté hecha. Ir añadiendo algo más de agua o caldo si se quedan secas.

5. Triturar y, si ha quedado demasiado espesa, añadir caldo o agua. Corregir de sal y servir con un chorrito de leche de coco o de aceite de oliva.

NOTA DEL COCINERO A mí me gusta notar la textura de las lentejas, pero si quieres hacerla más fina, pásala por el chino.

MÚSICA PARA GUISAR Iron & Wine, *Kiss each other clean* (2011).

Al contrario que en España, los bizcochos salados o *cakes salés* son bastante comunes en Francia. Pero como por desgracia no sé francés, fue en un artículo del *New York Times* donde leí sobre ellos. Según este diario estadounidense, no se venden en las pastelerías ni en los restaurantes —algo que una amiga francesa desmiente—, sino que se hacen caseros para tomar en picnics, fiestas... o funerales. A mí me encantan como aperitivo o como merienda veraniega, acompañados de un vino blanco frío o una sidra. También se pueden tomar de primero con ensalada.

El clásico es el de jamón y aceitunas, pero les puedes poner los tropiezos que te dé la gana. En el *cake salé* que hice el otro día puse pera, nueces y queso azul, tres ingredientes que combinan tan bien en ensalada como en este pastel. La textura que tiene es más cremosa y menos harinosa que la del bizcocho dulce tradicional, y en taquitos está impresionante.

⊞ DIFICULTAD Para panaderos principiantes.

INGREDIENTES

Para 6-8 personas
125 g de queso azul
100 g de cualquier queso suave de vaca rallado
1 pera grande o dos pequeñas
60 g de nueces peladas
175 g de harina
3 huevos
1 sobre de levadura química (Royal u otra)
6 cucharadas de aceite de oliva

100 ml de leche
1 cucharadita de sal

PREPARACIÓN

1. Precalentar el horno a 180 grados.

2. Engrasar y enharinar un molde alargado de bizcocho de unos 22 cm.

3. Pelar y descorazonar las peras y cortarlas en cubitos de 1 cm aproximadamente.

4. Poner la harina en un bol grande y mezclarla con la levadura y la sal. Añadirle las nueces y la pera, y mezclar.

5. Batir en un bol grande la leche, los huevos y el aceite. Sumar el queso azul desmigado y el queso suave rallado y remover. Añadir por último la harina y mezclar lo justo para obtener una masa homogénea.

6. Verter la masa en el molde y hornear entre 40 y 50 minutos (depende del horno). Para comprobar si está hecho, hay que meter un pincho o cuchillo en el centro: si sale limpio, es que está. Si no, ir horneando de 5 en 5 minutos más.

7. Dejar que se enfríe y desmoldar.

NOTA DEL COCINERO Si se queda seco con los días, se puede tostar en rebanadas y untarlas con aceite o mantequilla. O usarlo en taquitos para una ensalada de rúcula, por ejemplo.

MÚSICA PARA GUISAR Morrissey, *Viva Hate* (1998).

Por su absoluta simplicidad, esta manera de cocinar las verduras originaria de Turquía es un auténtico descubrimiento. Es similar al glaseado, aunque más ligera al emplear aceite de oliva en vez de mantequilla, y consiste en cocer las hortalizas en una especie de jarabe aromatizado con ajo y limón que logra resaltar todo su sabor.

Para esta receta se pueden usar otros productos como la coliflor, el repollo, las judías verdes o lo que te salga del huerto. También jugar con hierbas como el eneldo, el tomillo o el orégano fresco, moderando siempre las cantidades para que no maten el sabor de la verdura y parezca que te estás comiendo un ambientador.

⚀ DIFICULTAD   ¿Sabes cortar papel con una tijera? Pues eso.

INGREDIENTES

Para 4 personas

4 puerros

8 alcachofas grandes

2 limones

3 dientes de ajo

3 cucharadas de azúcar

2 cucharadas de perejil picado

½ cucharadita de romero picado

8 cucharadas de aceite de oliva virgen

Sal y pimienta negra recién molida

1. Cortar un círculo de papel de horno del tamaño de la cazuela baja que vayamos a utilizar (si no se tiene, no es grave, pero sale mejor así). Hacerle un agujero pequeño en el centro.

2. Limpiar los puerros quitándoles la parte más verde y la capa exterior, pero dejándolos enteros (si son muy largos, se pueden cortar en dos trozos).

3. Preparar un bol con agua y el zumo de medio limón.

4. Limpiar las alcachofas cortando los tallos primero, eliminando las hojas exteriores después, y pelando un poco la base para quitar los restos de dichas hojas. Finalmente, cortar la punta, y partirlas verticalmente en ocho trozos, quitando los pelitos que tienen en el corazón. Echarlas de inmediato en el agua acidulada para que no se ennegrezcan.

5. Pelar y cortar los dientes de ajo en láminas. Calentar el aceite en la cazuela y dorarlos a fuego suave. Cuando estén rubios (¡no tostados!) añadir los puerros, las alcachofas bien escurridas, el azúcar, el zumo del limón y medio restante, el romero y unos 250 ml de agua. Salar y cubrir con el papel de horno primero, y después con una tapa que deje un pequeño espacio para que salga el vapor.

6. Cocer unos 15-20 minutos a fuego suave, hasta que las alcachofas estén tiernas.

7. Retirar del fuego, añadir el perejil y corregir de sal y pimienta.

8. Servir las verduras en plato hondo con 2 o 3 cucharadas de líquido de cocción por encima.

 NOTA DEL COCINERO Una posible evolución guarrindonga de esta receta es hacer una mayonesa con el líquido del pochado y untar las verduras en ella. O incluso montarte una ensaladilla turco-rusa.

MÚSICA PARA GUISAR Family, *Un soplo en el corazón* (1993).

Soy poco amigo de las salsas con nata: por lo general me empalagan y al tercer bocado del plato que las lleve ya estoy empapuzado y sin muchas ganas de comer más. Por eso me sorprendieron estas pencas en salsa de mostaza que probé en casa de mi cuñada, de las que muy a gusto me habría tomado media fuente. Supongo que la neutralidad de la acelga y el contraste agrio y picante de la mostaza contrarrestaban la cremosidad de la nata, y por eso el conjunto no resultaba pesado.

Otro punto a favor de esta receta es lo rápida y sencilla de hacer que es: como mucho debes de tardar media hora en prepararla, y no hay que ser Arzak para que te salga bien. También me gusta que lleve una pastilla de caldo concentrado, ese horrendo invento del demonio que los grandes cocineros nunca utilizan... salvo cuando están en su casa y no les ve nadie.

DIFICULTAD Incluso tú podrías hacerlo.

INGREDIENTES

Para 4 personas
12 hojas grandes de acelga con su penca
200 ml de nata líquida
1 pastilla de caldo de verduras
2 cucharadas de mostaza de Dijon
1 huevo
Harina
Aceite de oliva
Sal

1. Separar las pencas de la parte verde de las acelgas con un cuchillo. Cocer las pencas en agua hirviendo con sal hasta que estén tiernas (unos 5-10 minutos, dependiendo del grosor). Sacarlas y escurrirlas. Cocer en la misma agua las hojas unos 3 minutos, sacarlas y escurrirlas bien.

2. Pasar por harina las pencas y después por huevo batido y freírlas en aceite abundante bien caliente. Salar ligeramente y dejar que pierdan el exceso de grasa sobre un plato con papel de cocina.

3. En la misma sartén, y dejando un poco del aceite de la fritura, bajar el fuego, echar la pastilla de caldo y disolverla removiendo con una cuchara de madera. Sumar la nata, la mostaza y una pizca de sal, y dejar que hierva suave unos 5 minutos, o hasta que engorde y reduzca un poco de cantidad.

4. Repartir las pencas en cazuela y echar la salsa por encima. Dejar a fuego suave unos 3 minutos, o menos si vemos que la salsa está espesando mucho.

5. Corregir de sal y servir en una fuente las pencas y su salsa con las hojas de las acelgas picadas en grueso por encima o alrededor.

NOTA DEL COCINERO Una alternativa a la nata es la leche evaporada (Ideal), que le dará un aire más tostado a la salsa.

MÚSICA PARA GUISAR Herman Düne, *Giant* (2007).

7. TARTAR DE BACALAO Y JUDÍAS BLANCAS

Los *empedrats* son la fantástica solución de la cocina catalana a un problema dietético: el de cómo comer legumbres cuando hace un calor que te mueres. Como los guisos tradicionales de garbanzos, judías y lentejas son inviables con estas temperaturas, a no ser que quieras que te dé un telele, esta fórmula tradicional los interpreta como el elemento principal de una ensalada fría.

La receta, adaptada a mi gusto personal de una de Carme Ruscalleda, añade a las judías blancas el plus del bacalao en tartar —o sea, crudo y marinado—. La mezcla es brutal. Además, se puede tener hecho con antelación y guardado en la nevera un par de días tranquilamente.

☠ DIFICULTAD Si sabes picar, puedes.

INGREDIENTES

Para 4 personas
400 g de bacalao desalado
400 g de alubias blancas cocidas
1 cebolleta
50 g de aceitunas verdes deshuesadas
50 g de aceitunas negras deshuesadas
4 tomates
1 diente de ajo
200 ml de aceite de oliva virgen
30 ml de vinagre de Jerez
1 limón
1 cucharadita de mostaza en grano

1 cucharada de perejil picado
Pimienta negra
Sal

PREPARACIÓN

1. Picar la cebolleta fina y ponerla a remojo unos minutos con el zumo de limón para que se suavice.

2. Mezclar una tercera parte del aceite, el ajo aplastado con la hoja de un cuchillo, el limón en el que se ha tenido la cebolleta, el perejil, la mostaza y un poco de pimienta. Limpiar bien de espinas el bacalao y picarlo en daditos pequeños. Añadirle la vinagreta, remover, probar de sal y salar si es necesario. Guardarla en la nevera como mínimo una hora, y retirar el ajo cuando se vaya a servir.

3. Picar las aceitunas. Pelar, despepitar y picar en daditos el tomate. Mezclar las alubias, las aceitunas, el tomate y aliñarlo con el resto del aceite, el vinagre, la mostaza, sal y pimienta. Guardar en la nevera.

El plato se puede presentar en forma de tartar, si se tiene un molde cilíndrico. Si no, se pueden servir las dos cosas por separado, o poniendo en una fuente el bacalao debajo del empedrado de alubias.

NOTA DEL COCINERO Propongo hacerla con aceitunas deshuesadas para ir más rápido, pero si te quieres tomar el trabajo de quitar los huesos a unas buenas olivas, el resultado será todavía mejor.

MÚSICA PARA GUISAR Mumford & Sons, *Sigh no more* (2009).

El escabechado es una técnica culinaria perfecta para el verano: es fácil, rápida de cocinar, y produce platos que no sólo se pueden comer fríos, sino que aguantan muchos días en la nevera. Además, el vinagre logra que los escabeches sean tan frescos y alegres como digestivos.

Y después de este anuncio patrocinado por la Asociación Internacional de Defensa del Escabeche, vamos con la receta.

La fórmula de hoy es ultrasencilla, propia de una comida de diario en la que no te quieres complicar la vida. Recomiendo hacerlo en cantidades industriales, porque es el típico producto que te lo puedes comer para desayunar, para merendar o, muy especialmente, a altas horas de la madrugada cuando te da el típico ataque de hambre que no habías previsto.

DIFICULTAD Para besugos.

INGREDIENTES

Para 4 personas

1 pechuga de pavo grande (o varios trozos que hagan algo menos de un kilo)

1 cebolla mediana

3 dientes de ajo

1 hoja de laurel

1 ramita de tomillo (o una pizca de tomillo seco)

25 granos de pimienta aproximadamente

1 trozo de peladura de naranja

Aceite de oliva y vinagre blanco de calidad a discreción

Sal

1. Salar a conciencia la pechuga y, si se quiere, atarla para que los filetes salgan después con una forma más regular.

2. Cortar la cebolla en tiras gruesas y pelar los dientes de ajo.

3. Poner el pavo, la cebolla, el ajo, el laurel, el tomillo y los granos de pimienta en una cazuela que tenga más o menos el tamaño de la pechuga. Añadir dos vasos de aceite y uno de vinagre. Si no se ha cubierto del todo el pavo, añadir más respetando siempre esta proporción (doble de aceite que de vinagre).

4. Cocer tapado a fuego lento unos 25 minutos, hasta que la pechuga esté tierna. Dejar enfriar y meter en la nevera. Lo mejor es que repose dos días.

5. Cortar en filetes y servir con su salsa.

NOTA DEL COCINERO Este plato también se puede hacer con pechuga de pollo, siguiendo los mismos pasos.

MÚSICA PARA GUISAR Elvis Costello, *This year's model* (1978).

9. PECHUGAS RELLENAS DE QUESO Y OLIVADA

Hay personas que se escudan en la falta de tiempo para no comer sano y zamparse cualquier precocinado que se les ponga por delante. Otras, en que cocinar es «difícil». A ellos está dedicada esta receta simple, completa, mediterránea y rápida como el rayo, capaz de dejar sin argumentos al más vagoneta.

Las pechugas llevan dentro tres de las cosas que más me gustan en el mundo —tomates secos, piñones y salvia—, y se pueden hacer tanto en la barbacoa como en el horno. El relleno hace que esta parte del pollo, de natural sosa y tendente a quedar más seca que una sandalia abandonada en el desierto, salga jugosa y rebosante de sabor. Puedes tener todo listo y darles el último golpe de horno justo antes de comer. Con un poco de ensalada de acompañamiento, son brutales.

☠ **DIFICULTAD** Necesitarás usar un cuchillo.

INGREDIENTES

Para 4 personas
4 pechugas de pollo de corral pequeñas (3 si son grandes)
100 g de queso de cabra
50 g de aceitunas negras sin hueso
50 g de tomates secos en aceite
50 g de piñones
8 hojas de salvia
Aceite de oliva extra virgen
Sal

1. Triturar las aceitunas y los tomates secos con 3 cucharadas de aceite de oliva. Tostar los piñones con una gota de aceite en una sartén con cuidado de que no se quemen.

2. Cubriendo una pechuga con la palma de una mano, hacerle un corte horizontal para poder rellenarla, como si quisiéramos hacer un bolsillo. Hacer lo mismo con las demás. Rellenarlas con el queso desmigado, las hojas de salvia picadas, dos terceras partes aproximadamente de la mezcla de aceitunas y tomate seco, y la mitad de los piñones. Cerrarlas pinchándolas con unos palillos.

3. Mezclar el resto de la olivada con otra cucharada de aceite. Embadurnar las pechugas con la mezcla.

4. Si las pechugas se hacen en barbacoa, ponerlas en la parrilla hasta que estén hechas, salarlas y decorarlas después con el resto de los piñones. Si no, poner una sartén a calentar a fuego medio-fuerte, y cuando esté caliente, marcar las pechugas 1 o 2 minutos por cada lado para que se doren. Salarlas, pasarlas a una fuente de horno y ponerles el resto de los piñones por encima. Hasta aquí se puede hacer con antelación.

5. Terminar metiéndolas en el horno previamente calentado a 180 grados unos 15 minutos. Servir con lechuga, canónigos o rúcula aliñados.

NOTA DEL COCINERO Una alternativa interesante es sustituir el tomate seco por higos secos rehidratados en agua hirviendo 5 minutos y triturados.

 MÚSICA PARA GUISAR Fanfarlo, *Reservoir* (2009).

«Todo lo que veis se lo debo a los espaguetis», declaró Sophia Loren refiriéndose a su esplendoroso cuerpo, en la que puede ser la mejor frase promocional de la comida italiana de la historia. Además de mito erótico, la actriz es una gran aficionada a la cocina, cuyas técnicas aprendió de Luisa, su abuela materna. La romana publicó dos libros en los que mezclaba saber culinario con historietas de su vida: *Recetas y memorias de Sophia Loren* (1998), e *In cucina con amore* (1971), muy bien traducido en España como *Yo, en la cocina*.

Para Sophia, «cocinar es un acto de amor, un regalo, una forma de compartir con otros los pequeños secretos que hierven a fuego lento en los fogones». Desde luego, su cocina es bastante natural y relajada, al menos por lo que he visto en las recetas que hay colgadas en internet. Una de ellas es este *vitello tonnato* que hice la semana pasada, un plato perfecto para el verano porque se toma frío y que Sophia prepara a la manera tradicional.

Para la salsa utiliza el caldo de la carne y yema de huevo cocido, además de los consabidos atún, anchoas y alcaparras. Así queda mucho más ligero y sabroso que con mayonesa, que es como te lo plantan en España en algunos restaurantes. He hecho algún ligero cambio sobre el original para acelerar el proceso, pero en líneas generales es su fórmula.

⊠ DIFICULTAD Para actores en su primer *casting*.

INGREDIENTES

Para 4 personas
1 kg de redondo de ternera
1 cebolla

2 zanahorias pequeñas o 1 grande
2 dientes de ajo
400 ml de vino blanco seco
1 lata de atún de unos 125 g
3 filetes de anchoa grandes o 4 pequeños
2 huevos
50 g de alcaparras
1 limón
Aceite de oliva
Vinagre rojo
Azúcar
Sal y pimienta negra

PREPARACIÓN

1. Poner en un tupper la carne con el vino y dejarla marinando toda la noche (este paso es conveniente, pero no imprescindible).

2. Juntar en una cazuela la carne con su marinada, la cebolla y la zanahoria picadas en grueso, los dientes de ajo aplastados y una pizca de sal y pimienta. Darle un hervor y bajar el fuego a suave. Dejarlo cocer tapado una hora aproximadamente, hasta que la carne esté tierna (este proceso también se puede hacer en la olla a presión si se tiene prisa, cociendo unos 15 minutos). Dejar enfriar.

3. Cocer los huevos 10 minutos. Pasar por agua fría, pelar y reservar.

4. Sacar la carne y envolverla en papel de aluminio. Si se ha hecho en la olla a presión, reducir un poco el líquido de cocción a fuego vivo hasta que quede un cuarto de litro aproximadamente. Dejar enfriar.

5. Colar el caldo de la carne y desechar las verduras. Mezclarlo en un vaso batidor con las yemas de los huevos, el atún escurrido, las anchoas machacadas con un tenedor, un par de cucharadas de aceite, una de vinagre, el zumo del limón y una pizca de azúcar.

6. Añadir el jugo que haya podido soltar la carne en el papel de aluminio. Triturar a conciencia hasta que quede la salsa homogénea. Si se ve muy espesa, añadir un poco de agua; si está muy líquida, un poco de aceite al hilo mientras se sigue batiendo. Corregir de sal.

7. Cortar lo más fino posible la carne y extender las lonchas en una fuente. Cubrirla con la salsa y decorar con unas alcaparras.

NOTA DEL COCINERO Si se quiere que la salsa quede muy fina, se puede pasar por un chino, pero yo no lo veo estrictamente necesario.

MÚSICA PARA GUISAR Sophia Loren, *Sophia Loren* (2011).

«Cuando no existían antidepresivos, la gente tomaba estofados», escribió la periodista Regina Schrambling en un artículo sobre estos guisotes publicado en el *New York Times* poco después del 11-S. Hasta que leí esta historia en el fantástico libro *The Essential New York Times Cookbook* desconocía las supuestas propiedades terapéuticas de uno de mis platos favoritos, y menos aún que los neoyorquinos se hubieran entregado a él tras el ataque a las Torres Gemelas de 2001.

Sin embargo, pensándolo bien es cierto que los estofados tienen algo casero y reconfortante que anima el espíritu. A mí me producen endorfinas su intenso sabor a carne, la textura melosa de ésta y, sobre todo, esas lascivas salsorras que generan, con las que soy capaz de zamparme una hogaza de pan bien untado.

El estofado de ternera con brandy está inspirado en una receta muy francesa del susodicho libro, y he de decir que es uno de los mejores que he hecho jamás. El punto que le dan a la carne las mostazas de Dijon y Pommery (la de granitos) y el brandy es único, y el golpe final de vino tinto, definitivo.

🎲 **DIFICULTAD** Para zotes.

INGREDIENTES

Para 4-6 personas
800 g de carne de ternera para guisar cortada en dados grandes
150 g de bacon no ahumado
300 g de champiñones
3 zanahorias grandes
2 cebollas

3 cucharadas de mostaza de Dijon
2 cucharadas de mostaza Pommery (a la antigua)
500 ml de caldo de carne
150 ml de brandy
50 ml de vino tinto
Harina
Aceite de oliva
Pimienta negra
Sal

PREPARACIÓN

1. Cortar el bacon en tiras. Pelar y picar la cebolla fina.

2. Rehogar el bacon en una cazuela baja a fuego lento hasta que esté crujiente (si tiene poca grasa, se puede añadir un poco de aceite). Retirar el bacon con una espumadera y reservarlo sobre papel de cocina. Se puede usar para otras preparaciones, o utilizarlo al final para decorar.

3. Rehogar la cebolla en la grasa unos 15-20 minutos, hasta que esté blanda y transparente.

4. Retirar la cebolla con una espumadera y reservarla en un plato. Poner harina en otro plato y pasar la carne por ella. Subir el fuego a medio-alto y dorar los trozos de ternera enharinados hasta que estén bien dorados, casi crujientes. Retirar la carne, salpimentarla y juntarla con la cebolla.

5. Mojar la sartén con el brandy y desglasar bien el fondo con una cuchara o pala de madera. Añadir la mostaza de Dijon y una cucharada

de la de Pommery y remover hasta que se disuelvan. Sumar el caldo, la carne y la cebolla, y cocer a fuego suave tapado casi por completo durante una hora.

6. Pelar y cortar las zanahorias en rodajas gruesas e incorporarlas al guiso. Tapar y cocer media hora más.

7. Saltear los champiñones a fuego medio en otra sartén con un chorrito de aceite hasta que estén tiernos y marrones (unos 5 minutos). Sumarlos al guiso, tapar y cocer 5 minutos más.

8. Añadir el vino y una cucharada más de mostaza Pommery y cocer un par de minutos más destapado. Corregir de sal y servir caliente. Está mejor si se deja reposar unas horas, o incluso de un día para otro.

NOTA DEL COCINERO Si no encuentras mostaza Pommery, no te estreses: usa la de Dijon que tiene los granitos de mostaza enteros.

MÚSICA PARA GUISAR Bon Iver, *Forever ago* (2008).

cómo
engañar
sirviendo
sobras

Desde que las probé hace algún tiempo en un bar del Casco Viejo de Bilbao, de cuyo nombre soy incapaz de acordarme, las croquetas de chipirón han estado entre mis favoritas. Y eso, no siendo un gran fan del pescado en este tipo de fritos, en los que siempre me ha convencido más el jamón, el chorizo, el pollo o la carne de cocido.

La clave de las croquetas es el espesor de la bechamel. Si queda demasiado líquida, será imposible rebozarlas y freírlas. Si está muy espesa, saldrá una croqueta mazacote, ese horror gastronómico que se sirve en tantos bares y restaurantes de España.

Por el curro que llevan, vale la pena hacer una buena cantidad de croquetas, y congelar las que no se vayan a comer en el día. Además, yo diría que fritas congeladas quedan incluso mejor, aunque entonces hay que controlar que el aceite no esté excesivamente caliente y dejar luego que reposen un poco para que el calor llegue hasta el centro de la croqueta.

DIFICULTAD Media.

INGREDIENTES

Para 6 personas

500 g de chipirones aproximadamente
100 g de harina
100 g de mantequilla
200 ml de nata
600 ml de leche entera
2 dientes de ajo
2 huevos

Pan rallado
Aceite de oliva
Sal

PREPARACIÓN

1. Calentar la mantequilla en una cazuela. Añadir una pizca de sal y la harina. Mezclar bien y dejar cocer 10 minutos a fuego suave. Calentar la leche con la nata, y cuando esté a punto de hervir, ir añadiéndola cazo a cazo a la harina, sin dejar de mover con una cuchara de madera. El fuego debe estar muy suave, porque la bechamel no puede hervir.

2. Cuando veamos que queda una crema brillante, no pastosa pero sí espesita, añadir los restos de chipirones y mezclar bien. Retirar del fuego, extender en una fuente, filmar y dejar enfriar. Meterla en la nevera y dejar que repose de un día para otro.

3. Cuando se vayan a freír las croquetas, batir los huevos en un plato y preparar otro con abundante pan rallado. Ayudándonos con una cuchara, pasar pequeñas porciones de la masa primero por el huevo, y luego por el pan rallado, dando forma a las croquetas en este último paso.

4. Calentar aceite abundante en una sartén o cazuela, y freír las croquetas a fuego medio-suave. Han de calentarse por dentro sin quemarse por fuera, y quedar doradas y crujientes. Dejar reposar sobre papel de cocina para que pierdan el exceso de grasa, y servir inmediatamente.

NOTA DEL COCINERO No te agobies si te resulta difícil de manejar la masa. Ésa es la clave de una buena croqueta.

MÚSICA PARA GUISAR R.E.M., *Automatic for the people* (1992).

2. BULGUR CON PESCADO, ESPINACAS Y HUEVO DURO

El objetivo de esta plato es aprovechar restos de pescado, reciclándolos en algo parecido al tabulé, pero caliente y con espinacas en vez de perejil. La anchoa cumple la función de intensificar el sabor; el huevo da consistencia, y la verdura, frescura.

En realidad la receta es una variante de otra publicada en el blog, en la que usaba garbanzos en vez de bulgur y atún en aceite. Puedes elegir la que más te guste.

⚅ DIFICULTAD Para gente a la que le falta un hervor.

INGREDIENTES

Para 4 personas
200 g de bulgur de grano grueso (en su defecto, cuscús)
200 g aproximadamente de restos de pescado sin piel ni espinas
1 lata de anchoas de unos 50 g
150 g de espinacas frescas
1 huevo grande
Aceite de oliva
Sal

PREPARACIÓN

1. Rehidratar el bulgur echándole el doble de su volumen en agua hirviendo y dejándolo reposar unos 15 minutos. Si sobra agua (depende del tipo de trigo), escurrirlo.

2. Cocer el huevo en agua hirviendo 8 minutos, para que quede entre *mollet* y duro. Enfriar en agua, pelar y reservar.

3. Cortar las espinacas en juliana fina. Desmigar el pescado si está en trozos grandes, pero sin pasarse.

4. Picar las anchoas con unas tijeras o un cuchillo. Calentar un poco de aceite en una cazuela baja o sartén grande, añadirlas y rehogarlas unos 5 minutos hasta que se deshagan del todo.

5. Sumar el pescado y rehogarlo un minuto. Incorporar el bulgur y rehogar un minuto, justo para que se caliente. Retirar del fuego y añadir las espinacas. Mezclar y añadir un chorro de aceite si se ve muy seco. Corregir de sal y servir inmediatamente con el huevo picado por encima.

NOTA DEL COCINERO Los pescados azules son especialmente indicados para este tipo de tratamiento, pero también funcionan bien los blancos.

MÚSICA PARA GUISAR Alaska y Dinarama, *Deseo carnal* (1984).

3. SOPA DE TOMATE Y PAN SECO

Éste es uno de mis platos que tienen más éxito. No sé si porque es ultra-sabroso o porque en España no estamos muy acostumbrados a tomar sopas de tomate calientes, todo el mundo se queda sorprendido con ella. Además es facilísima y rápida de hacer, y muy útil a la hora de aprovechar la clásica barra de pan que se ha quedado como una piedra.

La he cocinado en dos versiones. La primera, algo más trabajosa, lleva tomate natural maduro. Pero fuera de la temporada de esta fruta (el verano) la hago con tomate de bote, no el frito, sino entero y sin cocer. El resultado es excelente, puesto que la cocción y la mezcla con el aceite de oliva, la albahaca, el pan y el vinagre balsámico logran borrar ese regusto ácido que suele tener el tomate de fábrica. Por supuesto, si éste es de buena calidad, queda mejor.

☠ DIFICULTAD Para mendrugos.

INGREDIENTES

Para 4 personas
1 kg de tomate natural (puede ser de bote)
300 ml de caldo de verduras
60 g de miga de pan seco
6 cucharadas de aceite de oliva virgen
2 dientes de ajo
2 cucharadas de azúcar
2 cucharadas de albahaca fresca picada
1 cucharada de vinagre balsámico (de Módena)
Sal y pimienta

1. Pelar los tomates, y quitarles las pepitas y sobre todo el líquido (si son de lata, simplemente con aplastarlos sale todo junto), hasta dejar sólo la carne. Escurrirlos bien, picarlos y ponerlos en una cazuela con el caldo, dos cucharadas de aceite, los dientes de ajo aplastados y el azúcar. Llevarlo a hervir suavemente, y dejarlo a fuego lento media hora.

2. Añadir entonces el pan desmigado, e ir removiendo hasta que el caldo espese. Retirar del fuego y añadir el vinagre, el aceite restante y la albahaca. Salpimentar, añadir algo más de azúcar si está muy ácido, y dejar reposar hasta que se enfríe.

3. Cuando se vaya a tomar, retirar los dos dientes de ajo y calentar suave sin que hierva.

🖤 **NOTA DEL COCINERO** Como casi todas las sopas, está mejor de un día para otro.

🎧 **MÚSICA PARA GUISAR** Françoise Hardy, *Comment te dire adieu* (1968).

4. ESPAGUETIS CON HIERBAS

Más que para aprovechar restos de comida, esta receta sirve para dar salida a lo que sobra cuando compras un manojo o paquete de hierbas y sólo utilizas cuatro hojitas para un plato.

Para triunfar con los espaguetis hay una premisa básica: la calidad de la pasta. Conviene estirarse un poco y comprar marcas italianas buenas, porque la diferencia es abismal, y tampoco son muchísimo más caras. Por lo demás, no hay que complicarse mucho la existencia: a veces la pasta brilla más cuanto más sencilla. Cuando no hay nada en la nevera, unos espaguetis aliñados con aceite, ajo y parmesano, o unos macarrones con mantequilla, pimienta negra y un chorro de limón, combinados con una ensalada verde y un buen vinito, nos pueden salvar la cena.

DIFICULTAD Para niños.

INGREDIENTES

Para 4 personas
500 g de pasta de calidad (De Cecco o cualquier marca italiana buena)
Las hierbas que tengas (menta, perejil, cilantro, salvia, albahaca, estragón...)
4 dientes de ajo
10 cucharadas de aceite de oliva virgen extra
100 g de queso parmesano
Sal y pimienta negra recién molida

1. Cocer la pasta en agua abundante con mucha sal, dejándola al dente. Conservar un poquito del agua de cocción. Rallar el parmesano.

2. Lavar las hierbas y picarlas en grueso.

3. Cortar los dientes de ajo en láminas, y dorarlos en el aceite en una sartén a fuego muy suave. Cuando estén dorados, retirar la sartén del fuego en inmediatamente añadir las hierbas y una cucharada del agua de cocción de la pasta. Remover y tapar un minuto para que se ablanden un poco.

4. Añadir las hierbas a la pasta, corregir de sal y servir con abundante parmesano y pimienta negra recién molida por encima.

NOTA DEL COCINERO Es importante que el ajo se haga poco a poco y que no se tueste, porque así perfumará el aceite y no amargará.

MÚSICA PARA GUISAR The Stone Roses, *The Stone Roses* (1989)

5. SALTEADO DE GARBANZOS, COL Y BUTIFARRA

Cuando hice por primera vez este *ménage à trois* de garbanzos de sobras, col y butifarra esperaba que me saliera una bomba sólo apta para muy hambrientos. Sin embargo, el plato quedó finísimo contra todo pronóstico, y sus tres componentes combinaron tan bien que no pude dejar de compartirlo en internet.

Supongo que ayuda que la col esté lo más fresca posible, turgente y como recién cogida. Pero yo diría que la clave es cocerla poco para que no sepa a pedo (lo siento pero a eso es a lo que me recuerda esta verdura cuando está demasiado hecha). Unos buenos garbanzos sobrantes del cocido o comprados ya hechos, y una buena butifarra o salchicha de carnicería también cuentan en el resultado final, mucho menos pesado de lo que pueda parecer.

:: **DIFICULTAD** Para lelos.

INGREDIENTES

Para 4 personas
300 g de garbanzos sobrantes del cocido
400 g de col
300 g de butifarra fresca (o salchichas)
2 dientes de ajo
Aceite de oliva
Sal

1. Poner a hervir agua abundante con bastante sal en una cazuela grande. Cortar la col en juliana gruesa eliminando el tronco central. Cocerla unos 3 o 4 minutos, hasta que esté tierna pero con las partes blancas al dente. Pasarla por agua fría y escurrirla bien.

2. Calentar a fuego vivo una sartén grande. Embadurnar la butifarra fresca con aceite y saltear en la sartén hasta que esté hecha. Retirarla, bajar el fuego, añadir un chorro de aceite y dorar lentamente en él los dientes de ajo cortados en láminas.

3. Volver a subir el fuego a medio y añadir la col y una pizca de sal. Rehogar un minuto y añadir la butifarra cortada en rodajas o trozos de tamaño de bocado. Rehogar un minuto y añadir los garbanzos. Otro minuto más, corregir de sal y servir de inmediato.

🍳 **NOTA DEL COCINERO** Se puede montar una posible versión aún más ligera sustituyendo la butifarra por jamón cocido o pavo en taquitos y limitando al mínimo la cantidad de aceite.

📻 **MÚSICA PARA GUISAR** Fleet Foxes, *Fleet Foxes* (2008).

6. HUEVOS CON SOBRASADA Y PURÉ DE BONIATO

Este plato encantará a los fans de la ensalada con dos gotas de aceite y la pechuga a la plancha. Se trata de una especie de atentado contra la línea compuesto de huevos fritos, sobrasada y puré de boniato, al que ningún amante de la buena comida se podrá resistir.

Todos sabemos que el huevo frito y la patata parecen haber nacido para estar siempre juntos. Sin embargo, nunca había probado esta combinación con el tubérculo en puré hasta que la tomé en la barra del restaurante Coure, en Barcelona, acompañada de sobrasada.

Ésta es una variación con boniato puramente especulativa —no tengo la receta del Coure—, pero os aseguro que está buenísima, con un contraste brutal de sabores dulces y salados y un colorido fantástico. Si no encontráis este vegetal, hacedlo igual con patatas. Lo importante es que la sobrasada sea buena, porque el sebo con pimentón de ese que venden por ahí arruinará el invento.

😵 DIFICULTAD Para cortos.

INGREDIENTES

Para 4 personas
4 huevos
500 g de boniato
250 g de sobrasada de calidad
1 diente de ajo
60 g de mantequilla
150 ml de leche entera
Una pizca de nuez moscada
Aceite de oliva, sal y pimienta negra

1. Pelar y cortar en trozos grandes el boniato, y ponerlo en una cazuela cubierto de agua para que no se oxide. Añadir el ajo partido en dos y sin el brote interior. Salar y poner la cazuela a hervir durante unos 15-20 minutos, o hasta que el boniato esté muy tierno.

2. Calentar la leche. Escurrir el boniato y el ajo reservando parte del caldo (unas 3 o 4 cucharadas). Devolver el boniato y el ajo a la cazuela con este caldo, añadir la mantequilla e ir aplastando y añadiendo leche caliente hasta conseguir una textura espesa pero cremosa.

3. Pasar por el chino si queremos que quede más fino, ponerle un poco de nuez moscada, salpimentar y reservar. Hasta aquí se puede hacer con antelación.

4. Desmenuzar en trozos la sobrasada. Freír los huevos en aceite caliente abundante, salándolos ligeramente. En la misma sartén, y habiendo retirado todo el aceite, saltear brevemente la sobrasada, lo justo para que coja un color rojo intenso.

5. Servir los huevos sobre una base de puré (puede sobrar) y con los trozos de sobrasada por encima.

NOTA DEL COCINERO Consciente de que es un plato un tanto bomba, he puesto dosis moderadas, que pueden ser aumentadas en caso de que los comensales sean tragones.

MÚSICA PARA GUISAR Primal Scream, *Screamadelica* (1991).

7. ALBÓNDIGAS DE CORDERO Y BERENJENA

Estas albóndigas fritas tienen un claro ascendiente griego, aunque siendo sincero, no tengo ni idea de si allí las preparan exactamente así. Me entraron ganas de hacerlas el otro día tras redescubrir una receta apuntada en un papelito que me había pasado mi cuñada May allá por el siglo XVII, pero lo volví a perder, por lo cual tuve que prepararlas de memoria. Como la capacidad de recordar de mi cerebro está bastante deteriorada, puede que los ingredientes no sean los mismos, ni tampoco la preparación.

Sin embargo, guiándome por la intuición acabaron saliendo unas albóndigas espectaculares. Metí la pata, eso sí, al no escurrir bien la carne de la berenjena, con lo cual la masa estaba un poco inmanejable. Pero bueno, nada que no se pudiera arreglar con una dosis de pan rallado.

La receta puede servir para aprovechar los restos de una escalivada. La berenjena asada da a estas albóndigas una cremosidad fantástica, a la vez que contrarresta la contundencia del cordero. Tienen su trabajo, pero de verdad que compensan. Y se pueden hacer en cantidades industriales, congelar y freír cuando se quieran tomar.

DIFICULTAD Hay que tener un poco de sentido común.

INGREDIENTES

Para 8 personas (si sois menos, vale la pena hacer más y congelar la masa)
400 g de carne de cordero picada
400 g de magro de cerdo picado

2 berenjenas asadas o escalivadas
200 g de miga de pan de cereales
2 huevos
2 cebollas
2 dientes de ajo
5 cucharadas de perejil picado
Leche entera
Pan rallado
Harina
Aceite de oliva
Sal y pimienta negra
Hojas de menta para decorar (opcional)

PREPARACIÓN

1. Escurrir bien la berenjena aplastándola en un colador. Salar ligeramente.

2. Picar la cebolla y rehogarla en aceite de oliva a fuego medio-suave durante 15 minutos. Añadir el ajo y dejar que se dore levemente.

3. Poner a remojo el pan en la leche hasta que se empape bien.

4. Colocar en un bol las dos carnes, añadir la carne de la berenjena, el pan escurrido, la cebolla y el ajo con el aceite, el huevo, el perejil picado y salpimentar. Mezclar bien todo, cubrir con film y dejar madurando en la nevera mínimo un par de horas (cuanto más tiempo, más sabor cogerá la carne).

5. Preparar un plato o fuente cubierta con papel de cocina y otro hondo con harina. Calentar aceite abundante en una cazuela (si tienes una

freidora o una rejilla para freír, mejor). Sacar la carne y retirar los trozos de ajo (también se pueden aplastar y mezclar con la carne).

6. Comenzar a hacer las bolitas con las manos: una cantidad buena de carne es la de una cucharada, pero se pueden hacer más pequeñas si se prefiere. Si la masa está demasiado húmeda, ponerle un poco de pan rallado y mezclar. Enharinarlas e ir friéndolas en el aceite caliente, pero que no humee (una temperatura 7 de 10 es la correcta; si está demasiado caliente se quemarán por fuera y quedarán crudas por dentro). Cuando estén ligeramente doradas, dejar sobre el plato con papel absorbente para que pierdan el exceso de grasa.

7. Servir calientes y con menta picada en grueso por encima. Lo mejor es tomar las albóndigas recién fritas, pero si las quieres tener hechas de antes, se pueden recalentar en el horno. El truco entonces es freírlas poco, para que se acaben de hacer allí.

NOTA DEL COCINERO Están buenísimas con yogur griego aliñado con limón, ajo, sal, pimienta y aceite de oliva. O con salsa de tomate.

MÚSICA PARA GUISAR The Style Council, *The sound of The Style Council* (1993).

No existe nada en el mundo de la cocina casera más inteligente que los platos hechos con sobras. Nuestras abuelas y madres llevan años practicando el arte del reciclaje culinario, reconvirtiendo pollos asados en croquetas, cocidos en purés y carnes en canelones. A veces el *spin-off* supera a la serie original, y el placer proporcionado por los restos reconvertidos es mayor que el del preparado inicial. En mi opinión, las empanadillas son un claro ejemplo de este fenómeno.

En casa de mis padres, el destino natural de los restos de carne guisada eran las empanadillas fritas. Si la cantidad de carne era escasa, se inflaba el relleno con huevo cocido, lo que le daba una textura todavía más cremosa. En esta receta, el añadido de los pepinillos es mío: lo siento pero no puedo resistirme a la combinación de la acidez de este encurtido con la ternera estofada.

Tengo la sensación, no sé si equivocada, de que cada vez se comen menos empanadillas fritas, supongo que por la dictadura de lo *light*. Así que es hora de plantearse un *revival* de esta delicia crujiente por fuera y jugosa por dentro, además de humilde y económica. Y si te preocupan las lorzas, tranquilidad: también doy la opción de hacerlas al horno. Y ya puestos, pongo la receta de la carne: yo alguna vez la he hecho sólo para forrarme a empanadillas.

DIFICULTAD Para amos/as de casa hacendosos.

INGREDIENTES

Para 4 personas
Para la carne
500 g de carne para guisar

2 zanahorias
1 cebolla
1 puerro
1 pimiento verde
1 diente de ajo
5 cucharadas de salsa de tomate
500 ml de caldo de carne
100 ml de vino tinto
Harina
Aceite de oliva
Sal y pimienta negra

Para las empanadillas
1 paquete de obleas para empanadillas (suelen venir 16)
4 huevos pequeños
8 pepinillos grandes

PREPARACIÓN

1. Picar fino todas las verduras para la carne.

2. Salpimentar la carne y pasarla por un plato con un poco de harina. En una olla, preferiblemente a presión, dorarla a fuego medio-fuerte con un chorro de aceite de oliva.

3. Sacar la carne y rehogar las verduras unos 10 minutos, hasta que estén blandas. Añadir el tomate y rehogar un par de minutos más. Mojar con el vino y dejar que reduzca. Devolver la carne a la olla, mojar con el caldo, tapar y cocer durante 20 minutos (si no se tiene olla a presión, durante una hora, o hasta que la carne esté tierna).

4. Sacar la carne y si la salsa está muy líquida, reducirla un poco al fuego. Desmigar la carne con cuchillo y tenedor y mezclarla con las verduras y la salsa. Reservar.

5. Cocer 3 de los huevos durante 10 minutos. Picar fino los pepinillos. Mezclarlo todo con la carne y corregir de sal y pimienta.

6. Extender las obleas en una superficie plana e ir poniendo relleno en ellas, sin pasarse porque entonces no cerrarán o se reventarán (una cucharada o cucharada y media suele ser suficiente). Doblarlas y sellarlas bien aplastando los bordes con un tenedor. Es importante que queden muy bien pegadas para que no pierdan el líquido. Lo normal es que sobre carne, que se puede tomar otro día con arroz blanco o con patatas fritas.

7. A partir de aquí, se pueden hacer dos cosas: o freírlas u hornearlas. Para freírlas, calentar aceite abundante en una sartén y dorarlas allí a fuego medio-fuerte con cuidado de que no se quemen. Dejarlas reposar en un plato con papel de cocina para que pierdan el exceso de grasa. Para hornearlas, precalentar el horno a 220 grados. Pintar las empanadillas con el otro huevo batido. Hornearlas unos 10-15 minutos sobre un papel antiadherente o una bandeja aceitada, hasta que estén doradas.

NOTA DEL COCINERO Si las sobras de carne se han quedado muy secas y con poca salsa, añadir tomate frito a cascoporro.

MÚSICA PARA GUISAR T Rex, *The Slider* (1972).

¿Qué hacer con unos restos de carne guisada para no repetir plato? Aparte de unas empanadillas o unas croquetas, se puede dar salida al *ondakín* (sobra en Bilbao) con un pastel. Éste es tan simple como delicioso, tanto que si no se tienen restos, se puede preparar la ternera ex profeso en un periquete.

Los restos del guiso van cubiertos por un puré de patata, al que se le puede poner un poco de calabaza o de boniato si se quiere dar una nota dulce al pastel. Además de sabor y frescura, la base de acelgas rehogadas con cebolla logra que te sientas menos culpable porque estás tomando verduras.

⊡ **DIFICULTAD** Para patatas humanas.

INGREDIENTES

Para 4 personas
750 g de acelgas
400 g aproximadamente de carne guisada
500 de patatas
1 cebolla
100 g de mantequilla
100 ml de leche
50 g de queso parmesano
Aceite de oliva
Nuez moscada
Pimienta blanca
Sal

1. Si no se tiene la carne guisada, hacer un estofado rápido en una olla, a poder ser a presión. Enharinar 800 g de carne para guisar cortada en dados y dorarla con un poco de aceite. Sacarla y salpimentarla. Rehogar 1 cebolla, 1 zanahoria y una ramita de apio picadas, y 2 dientes de ajo. Mojar con 100 ml de vino tinto y dejar evaporar un minuto. Añadir 3 cucharadas de tomate frito, la carne y 200 ml de caldo de carne. Cocer media hora a fuego suave. Si no se tiene olla a presión, poner más caldo (lo suficiente para casi cubrir la carne) y alargar la cocción hasta que la carne esté tierna (una hora/hora y media). Corregir de sal y pimienta.

2. Desmenuzar la carne con una cantidad razonable de su salsa (que no quede seca ni que flote) y reservar tapada.

3. Cortar las pencas de las acelgas. Poner agua abundante a hervir, y echar primero las pencas. 3 minutos después, sumar las hojas y dejar un par de minutos. Sacar, pasar por agua fría para cortar la cocción y escurrir bien. Picarlas en grueso, volver a escurrir y reservar sobre papel de cocina.

4. En una sartén, dorar una cebolla picada en un poco de aceite de oliva a fuego medio unos 10-15 minutos, con cuidado de que no se queme. Saltear las acelgas a fuego vivo en la misma sartén un par de minutos para que pierdan algo de agua. Salar y reservar.

5. Cocer las patatas sin pelar en la misma agua de las acelgas durante 30 minutos. Comprobar que están tiernas pinchándolas; si no, cocerlas un poco más. Sacarlas, dejar que se templen un poco y pelarlas todavía calientes.

6. Precalentar el horno a 200 grados.

7. Poner las patatas en un bol, añadir la mantequilla y aplastarlas con un tenedor hasta que ésta se disuelva y se mezcle bien. Sumar la leche caliente poco a poco e ir mezclando suavemente hasta conseguir una textura cremosa espesa. Dar un último golpe corto de batidora para que quede homogéneo pero sin pasarse, porque si lo batimos mucho quedará elástico y gomoso. Aderezarlo con sal, pimienta blanca y nuez moscada al gusto.

8. Poner las acelgas en una primera capa en una fuente de horno, aplastándolas un poco para que quede uniforme. Añadir la carne como segunda capa, y después una última de puré de patata. Espolvorear queso parmesano rallado por encima y meter al horno 10 minutos para que todo se caliente.

9. Poner el grill 5 minutos más para que el queso se gratine. Sacar, dejar que se asiente unos 10 minutos y servir.

NOTA DEL COCINERO Unas espinacas salteadas o incluso unas alcachofas cocidas pueden sustituir perfectamente a las acelgas.

MÚSICA PARA GUISAR Pixies, *Doolittle* (1989).

Cualquier carne de calidad a la plancha o a la parrilla sabe a gloria si la tomas justo después de hacerla. Pero si la tomamos recalentada, así a pelo, digamos que baja del 10 al 1 en la escala gastronómica.

Una buena solución para esos restos que nos han quedado de filete o entrecot de ternera (o de cualquier otro bicho) es reconvertirlos en una ensalada oriental. Ésta de jengibre y sésamo tiene muchos ingredientes, pero no salgas corriendo antes de planteártela porque su preparación no puede ser más rápida y sencilla.

Aunque te suenen raros, la mayoría de estos condimentos se pueden encontrar sin ningún problema en las tiendas de alimentación oriental. Si tienes la suerte de tener alguna cerca, claro. Si no, siempre se puede recurrir a la compra online.

DIFICULTAD Para gente que no ha tocado en su vida un frasco de salsa de soja.

INGREDIENTES

Para 4 personas
Unos 800 g de carne ya hecha
1 cebolla roja
1 bolsa de unos 100 g de ensalada verde variada

Para la salsa
10 g de jengibre fresco
2 chiles rojos tailandeses (en su defecto, guindillas)
2 dientes de ajo
1 manojo pequeño de menta

1 manojo pequeño de albahaca
2 cucharadas de salsa de soja
3 cucharadas de zumo de lima
1 cucharada de semillas de sésamo tostadas
1 cucharada de azúcar glas
1 cucharada de salsa de ostras
50 ml de aceite de sésamo

PREPARACIÓN

1. Majar en un mortero el jengibre picado fino, los chiles picados y la mitad de la albahaca y la menta. Mezclar con la salsa de soja, la de ostras, el aceite de sésamo, el zumo de lima, el ajo cortado en láminas, las semillas de sésamo, el azúcar y el resto de la menta y la albahaca.

2. Picar la cebolla en tiras finas.

3. Untar la carne en aceite y pasarla por la sartén bien caliente lo justo para que se caliente. Sacarla a una tabla de cortar y echar la cebolla a la sartén bajando un poco el fuego.

4. Cortar los filetes en tiras eliminando los gordos de grasa. Mezclar la carne con la cebolla y la salsa en un bol grande, y añadir las hojas de ensalada verde. Remover y servir inmediatamente.

NOTA DEL COCINERO Si no se encuentra el aceite de sésamo, usar girasol y doblar la cantidad de semillas de sésamo.

MÚSICA PARA GUISAR Varios, *Apocalypse now redux* (2001).

Este postre se podría definir como un *Nigella meets Juli*. Es decir, como una mezcla de una receta de la cocinera británica Nigella Lawson y otra de Julia González, cuyas inhumanas rosquillas también están en este libro.

El pastel de bollos de Juli es un *hit* de la comida del reciclaje en mi familia. Pero después de leer que Tim Burton se había inspirado en Nigella para el personaje de la Reina Blanca en su *Alicia en el País de las Maravillas*, y de deleitarme con un vídeo en el que la cocinera vibra de placer al hacer un pastel de cruasanes y caramelo, decidí hacer un *mashup* entre ambos preparados a ver qué salía.

El pastel cumplió mis expectativas, y lo vi capaz de causar caras de orgasmo como las de Nigella en sus momentos más gastro-lúbricos. Además, se hace en un momento y es una excelente manera de aprovechar bollería que se ha quedado seca. Eso sí, cuanto mayor sea la calidad de ésta, mejor será el resultado: si usas cruasanes de sebo de cutretienda de chucherías, tendrás eso, un pastel de grasa hidrogenada.

⊡ DIFICULTAD Para torpes.

INGREDIENTES

Para 6 personas
2 cruasanes y 2 bollos suizos grandes del día anterior (o 4 de una de las dos cosas)
250 ml de nata líquida de repostería (18 % M.G.)
600 ml de leche entera
250 g de azúcar

2 huevos
2 cucharadas de licor de naranja (opcional)

PREPARACIÓN

1. Precalentar el horno a 180 grados. Batir bien los huevos y reservar.

2. Poner en una cazuela grande 5 cucharadas de agua y el azúcar, y calentarlo sin remover a fuego medio-alto hasta que la mezcla burbujeante coja un color caramelo. Verter parte del caramelo (algo menos de la mitad) por el fondo del molde de horno que vayamos a usar. No importa que se quede duro y no lo tape del todo; luego se disuelve. Echar encima los bollos troceados con la mano, y después los cruasanes también troceados.

3. Volver a poner la cazuela en el fuego, bajándolo de potencia, y añadir la leche, la nata y el licor. Remover hasta que los grumos de caramelo se disuelvan, retirar del fuego y, sin dejar de remover, añadir los huevos batidos.

4. Rápidamente verter la mezcla sobre los cruasanes y los bollos, y dejar reposar unos minutos si los bollos y cruasanes estaban muy secos. Hornear 20 minutos, dejar que se temple un poco y servir.

NOTA DEL COCINERO El pastel admite toda clase de bollería, trocitos de naranja confitada o incluso chocolate. Lo que te dé la gana, vaya.

MÚSICA PARA GUISAR Prince & The Revolution, *Around the world in a day* (1985).

comida
post
alcohólica

1. MI ENSALADILLA RUSA FAVORITA

La ensaladilla rusa es un plato de lo más vulgar. Está en todas partes. Pero ¿por qué es cada vez más complicado encontrar muestras decentes en bares y restaurantes? Las diferentes versiones de la ensaladilla-engendro acechan en los establecimientos de toda España: la escarchada hecha con patatas y hortalizas congeladas de bolsa, la rácana que es todo patatorra, la crujiente y «sana» en plan nueva cocina —¡qué manía con las cocciones cortas!—, la mazacote que no lleva suficiente mayonesa, la semilíquida que lleva demasiada... y la peor: la que se ha convertido en cemento portland después de pasar tiempo inmemorial en la barra refrigerada.

El caso es que, a pesar de su omnipresencia, la ensaladilla es un plato que tiene su dificultad. Aparte de la calidad de los ingredientes y sus proporciones, para mi gusto el punto de cocción de las patatas y las zanahorias es fundamental: debe ser el justo para que estén bien hechas pero no se deshagan del todo. Otra clave es la cantidad de mayonesa: el exceso o el defecto pueden convertirla en intragable.

Mi ensaladilla rusa favorita, gran sorpresa, es la que se ha comido en los últimos 40 años en casa de mis padres. Su artífice es Juli, la supermujer que ha cuidado de la familia durante toda esa era. Probablemente mi juventud habría sido otra si cuando llegaba de juerga los fines de semana no hubiera encontrado en la nevera un bol de tamaño XXXXL con su ensaladilla, dispuesta a ser *maridada* con unas insuperables albóndigas. Desde luego, mis resacones habrían sido mucho peores.

DIFICULTAD Media.

Para 4 personas

3 patatas grandes
2 zanahorias grandes
150 g de bonito en aceite
100 g de guisantes finos de bote
100 g de aceitunas rellenas de anchoa
3 huevos
Aceite de girasol
Vinagre
Sal

PREPARACIÓN

1. Poner agua abundante a hervir con un puñado de sal. Lavar bien las patatas y las zanahorias. Cocerlas enteras y sin pelar. A los 25 minutos, pinchar las patatas y las zanahorias. Si el pincho o cuchillo entra con facilidad, es que están. Si no, dejarlas 5 minutos más. Usar la misma agua para cocer los huevos durante 10 minutos. Pasarlos por agua fría y pelarlos. Dejar que todo se enfríe.

2. Hacer medio litro aproximadamente de mayonesa: poner un huevo, un chorro de vinagre, otro de aceite y sal en un recipiente alto. Batir con la batidora hasta que se mezcle y emulsione. Ir añadiendo aceite a hilo mientras se sigue batiendo y moviendo la batidora arriba y abajo con suavidad. Corregir de vinagre y sal, y si está demasiado espesa, añadir un par de cucharadas de agua y remover bien.

3. Pelar las patatas y las zanahorias y cortarlas en dados pequeños de

1 cm más o menos. Juntarlas en un bol con los guisantes lavados y bien escurridos, las aceitunas cortadas por la mitad y el bonito escurrido y desmigado.

4. Rociar la ensaladilla con un chorrito de aceite y mezclar todo bien. Sumar la mitad de la mayonesa y mezclar. Ir añadiendo el resto de la mayonesa hasta dar con la densidad justa: ni muy pastosa ni demasiado cremosa o líquida. Corregir de sal, meter en la nevera y servir fría.

NOTA DEL COCINERO A mí me gusta con mayonesa hecha con aceite de girasol, porque es más neutro, pero si se quiere hacer con oliva, adelante. En cuanto a posibles extras —judías verdes, pimiento rojo asado, jamón, cebolla, anchoas, aceitunas—, que cada cual dé rienda suelta a sus perversiones.

MÚSICA PARA GUISAR Antony & The Johnsons, *I'm a bird now* (2005).

2. HIGOS CON JAMÓN Y PARMESANO

En septiembre hay que aprovechar al máximo la temporada de los higos, que admiten preparaciones muy rápidas y bastante sorprendentes. Ésta es una de ellas, en la que pasan del postre al aperitivo.

Acompañados de jamón y parmesano, y alegrados con vinagre balsámico de Módena, están impresionantes: el *aceto* multiplica por dos el sabor de los higos, y el contraste con el fiambre crujiente y el queso es brutal. Una nueva demostración de que, a veces, la comida simple puede resultar tan exquisita y refinada como los platos más rebuscados.

⊡ DIFICULTAD Para lerdos integrales.

INGREDIENTES

Para 4 personas, como aperitivo
8 higos
4 lonchas grandes de jamón serrano, a poder ser poco curado
Queso parmesano
Aceto balsámico
Aceite de oliva virgen
Sal y pimienta negra

PREPARACIÓN

1. Precalentar el grill del horno a 240-250 grados. Preparar una bandeja de horno cubriéndola con papel de hornear.

2. Lavar los higos y partirlos con un cuchillo verticalmente en cuatro trozos sin llegar a cortar del todo la base. Colocarlos sobre uno de los lados de la bandeja, abrirlos y pintarlos bien con el vinagre balsámico (se puede hacer con una brocha de cocina, o con el dedo). Hacer la misma operación con el aceite de oliva.

3. En el otro lado de la bandeja, colocar bien estiradas las lonchas de jamón.

4. Poner la bandeja en la parte superior del horno, como si fuéramos a gratinar. Hornear entre 5 y 10 minutos, vigilando que no se quemen.

5. Dejar enfriar 1 minuto para que el jamón se ponga crujiente. Romper las lonchas en 2 o 3 trozos cada una, y colocarlos en una fuente o repartirlos en cada plato. Poner los higos encima, y espolvorearlos con un poco de sal, pimienta negra y parmesano en lascas o rallado.

6. Añadir un chorrito de aceite de oliva y servir.

NOTA DEL COCINERO La receta se puede hacer exactamente igual con brevas, en temporada a principio del verano.

MÚSICA PARA GUISAR Michael Jackson, *Off the wall* (1979).

3. LA AUTÉNTICA ENSALADA CÉSAR

¿Sabías que la ensalada César viene de México? Yo, que soy muy ignorante, no. Lo he descubierto en *El gran libro de la cocina mexicana*, según el cual la crearon dos italo-mexicanos, los hermanos Álex y César Cardini, en su restaurante de Tijuana.

Existen varias leyendas alrededor de su nacimiento. Una apunta a que César la inventó un Cuatro de Julio, cuando la celebración de la fiesta nacional estadounidense dejó sin reservas su despensa y tuvo que inventar un aliño con lo poco que tenía. Otra dice que fue Álex quien la cocinó primero, para dar de comer algo rápido a sus amigos aviadores de San Diego.

La inventara quien la inventase, la César es posiblemente la ensalada más popular del mundo, gracias al enorme éxito que tuvo la fórmula en Estados Unidos a partir de mediados de los cuarenta.

🎲 DIFICULTAD Es una ensalada, por Dios bendito.

INGREDIENTES

Para 4 personas

1 lechuga romana o de oreja de burro

1 diente de ajo

50 g de anchoas en aceite

3 yemas de huevo

½ cucharadita de jugo Maggi

½ cucharadita de salsa Worcestershire

50 ml de zumo de limón o lima

45 g de queso parmesano

4 rebanadas de pan de molde u 8 de baguette

Aceite de oliva y pimienta negra

1. Lavar la lechuga desechando las hojas exteriores más duras. Escurrirla muy bien. Si es muy grande, trocearla un poco; si no, dejar las hojas enteras.

2. Partir el ajo en dos y frotar el bol o los platos donde vayamos a servir la ensalada.

3. Picar las anchoas y ponerlas en un bol. Desmenuzarlas bien con un tenedor. Añadir los ajos majados si se quiere, y mezclar. Incorporar las yemas, la pimienta, el jugo Maggi y la salsa Worcestershire, y batir. Añadir el zumo de lima y batir.

4. Ir tirando poco a poco unos 200 ml de aceite en un chorrito fino a la salsa, sin dejar de batir para que emulsione. Añadir finalmente 2 cucharadas de queso parmesano.

5. Freír el pan con un poco de aceite en una sartén. Escurrirlas sobre papel de cocina.

6. Mezclar bien el aliño con la lechuga. Servir la ensalada con las rebanadas de pan por encima y el resto del queso espolvoreado.

NOTA DEL COCINERO Para hacer plato único a esta ensalada se le suelen añadir trozos de pollo a la plancha. Y el aliño funciona también muy bien con otras hojas como la escarola.

MÚSICA PARA GUISAR Neil Young, *After the gold rush* (1970).

4. GAZPACHO QUE NO REPITE

Cada vez que tomamos un gazpacho, los que tenemos el estómago sensible y/o afectado por los excesos nos vemos asaltados por las dudas. ¿Me caerá bien o me lo estaré comiendo toda la tarde? ¿Volverá el ajo a mi boca a los 10 minutos de lavarme los dientes, o serán el pimiento y la cebolla? ¿Me convertiré en una mofeta vegetal a la que todos eviten acercarse?

Al hacer el gazpacho en casa, los gastrodelicados tendemos a eliminar todos esos ingredientes problemáticos. Y la sopa se nos acaba convirtiendo en un zumo de tomate aliñado sin ninguna gracia. Sin embargo, hay un método para contar con los sabores del ajo, la cebolla, el pimiento y el pepino sin que repitan. Y es el que describe esta receta, contrastada por una de las personas a las que peor sientan estos alimentos en estado crudo: yo.

☠ DIFICULTAD Para damas delicadas.

INGREDIENTES

Para 6 personas
1 kg de tomates maduros
1 cebolla pequeña
2 dientes de ajo
1 pimiento verde pequeño
1 pepino pequeño (opcional)
1 limón (opcional)
100 ml de aceite de oliva
3 cucharadas de vinagre
Sal

1. Cortar los tomates en trozos grandes, y ponerlos en un bol. Añadir la cebolla cortada en cuatro trozos, los ajos aplastados con la hoja de un cuchillo y el pimiento despepitado metidos en una redecilla (si se tiene, si no, echarlos sin más).

2. Añadir el aceite, el vinagre y sal. Remover, tapar y dejar madurar en la nevera unas horas (lo mejor, de un día para otro).

3. Sacar la cebolla, el ajo y el pimiento y estrujarlos con la mano para que suelten algo de jugo sobre el gazpacho (también se pueden poner sobre un colador y aplastarlos).

4. Triturar el tomate y pasarlo por el chino (si no se tiene, por el pasapurés, para eliminar las pepitas y la piel). Si es necesario, volver a ligar con la batidora, un chorrito de aceite y un poco de agua si está muy espeso. Probar y corregir de vinagre y sal.

5. Servir frío y, si se quiere, con una guarnición de daditos pequeños de pepino previamente macerados en zumo de limón.

NOTA DEL COCINERO El gazpacho se puede guarnecer con muchas cosas. Mi combinación favorita: huevo cocido picado y unos trocitos de bonito en aceite.

MÚSICA PARA GUISAR Comet Gain, *Broken record prayers* (2008).

5. AJOBLANCO SUAVE DE MELÓN

El ajoblanco siempre ha inspirado cierto respeto a los que tenemos estómago de vampiro. ¿Un plato que tiene la palabra «ajo» en el mismo nombre? Buf, indigestión asegurada, y más si estás de resaca. Sin embargo, hay que perder el miedo, porque si no se abusa de este ingrediente, esta sopa resulta tan hidratante, asimilable y poco repitiente que hasta la podrían tomar en Transilvania.

Reconozco que mis primeros contactos con el ajoblanco fueron a través de la marca Alvalle, que vende una versión muy suave y bastante digna ya cocinada. Como todo, si lo haces en casa, está mucho mejor y sale más barato. Mi versión incluye la novedad de incluir melón, una fruta que se suele usar como guarnición del ajoblanco, pero que yo he metido triturada en la propia sopa para darle un airecillo distinto.

DIFICULTAD Para idiotas.

INGREDIENTES

Para 4-6 personas
150 g de almendras crudas
¼ de un melón
1 diente de ajo (o más si se quiere más potente)
2 cucharadas soperas de vinagre
⅔ de vaso de vino de aceite
Agua bien fría
Sal

1. Pelar, despepitar y triturar el melón. Reservar.

2. Escaldar medio minuto las almendras crudas en agua hirviendo para poder pelarlas, si es que no lo están ya.

3. Triturar las almendras, el ajo, el vinagre, una pizca de sal y un poco de agua hasta que quede una pasta homogénea. Con la batidora, ir añadiendo el aceite poco a poco sin dejar de batir.

4. Añadir el zumo de melón poco a poco removiendo. Por último, sumar el agua fría de la misma manera hasta que alcance la textura deseada (no muy espesa, tiene que ser parecida a un gazpacho líquido). Corregir de sal y vinagre, y meter en la nevera un mínimo de 2 horas.

5. Si al sacarlo está demasiado espeso, se le puede añadir más agua poco a poco, y volver a corregir de sal y vinagre. Servir bien frío.

NOTA DEL COCINERO Por el dulzor del melón, este ajoblanco va muy bien con una guarnición salada que contraste: jamón, gambas o almendras fritas y saladas.

MÚSICA PARA GUISAR Nick Drake, *Bryter Layter* (1970).

6. SOPA DE CEBOLLA Y TOMILLO

Una de las cosas que más me gusta de la cocina es lo democrática que llega a ser. O mejor dicho, igualitaria. Un plato barato, hecho con materiales humildes, puede superar en muchísimas ocasiones a otros mil veces más pijos. No digo que un besugo de primera, un solomillo o unas tostaditas con caviar no sean una delicia. Pero igual lo son unos buenos puerros a la vinagreta, un gazpacho, una tortilla de patatas o una tarta de cebolla, siempre que estén cocinados con acierto.

La sopa de hoy es una de las más pobretonas que existen. Pero para mí, no tiene rival: te pone el cuerpo en su sitio a una velocidad milagrosa. Hay algo sobrenatural en esa mezcla tan francesa de la mantequilla, el caldo de pollo y la cebolla bien pochada. La guinda, en mi opinión, la pone el tomillo infusionado, una inteligente aportación que aprendí en la Escuela Hofmann de cocina.

💀 DIFICULTAD Mínima, salvo el escalfado del huevo.

INGREDIENTES

Para 6 personas
750 g de cebolla
100 g de mantequilla
1,5 litros de caldo de pollo
4 ramitas de tomillo fresco
6 huevos
Vinagre blanco
Sal

1. Sacar los huevos de la nevera para que estén a temperatura ambiente.

2. Picar la cebolla en tiras finas. Rehogarla con la mantequilla a fuego suave en una cazuela grande, hasta que pierda todo su jugo y se deshaga en la boca (unos 30-40 minutos). Añadir el caldo y cocer una hora.

3. Triturar con batidora, añadir el tomillo y tapar para que infusione.

4. Hay dos formas de hacer los huevos escalfados. La clásica y algo difícil: preparar un bol con agua fría. Poner agua a hervir en un cazo pequeño con un chorrito de vinagre. Cascar el huevo en un cuenco pequeño, y echarlo con cuidado en un lado del cazo, inclinándolo un poquito para que no se desparrame. Esperar un poco a que se haga la parte exterior, y darle la vuelta suavemente con una cuchara para que se haga por todos los lados. La cocción tarda unos 3-4 minutos. Sacar y sumergirlo en el agua fría del bol.

También se pueden hacer con film: cubrir un bol pequeño con film, untarlo con aceite, poner el huevo, y hacer una bolsita con el plástico atando los extremos del mismo. Cocer en agua hirviendo 4 minutos, y parar la cocción sumergiéndolo en agua fría.

5. Cuando se vaya a servir, sacar el tomillo de la sopa. Poner los huevos en cada bol o plato y cubrirlos con la sopa.

NOTA DEL COCINERO El huevo escalfado no es imprescindible, pero pega muy bien con la sopa. En su defecto, ésta se puede acompañar con unas tostadas de pan ligeramente frotadas con ajo.

MÚSICA PARA GUISAR Mishima, *Ordre i aventura* (2010).

Junto a la paella, la pobre tortilla de patatas es en mi opinión el plato más maltratado de la cocina española. Resulta increíble que cueste tanto comer ejemplares decentes de este manjar en el país que lo inventó. Por tortilla de patatas se sirven con demasiada frecuencia unas plastas bien secas de masa de patata cocida con huevo recuajado.

Estos engendros nada tienen que ver con una tortilla bien hecha, con su proporción justa de huevo cremoso, patata frita y cebolla, tres ingredientes cuyo sabor combina a la más absoluta perfección. Poco hay que añadir a una buena tortilla de patatas, pero para darle un aire diferente, os propongo una receta con aceitunas negras y tomillo.

⊞ DIFICULTAD El punto y saber darle la vuelta tienen su aquél.

INGREDIENTES

Para 4 personas
½ kg de patatas
60 g de aceitunas negras de Aragón
1 diente de ajo
150 g de cebolla
5 huevos
Aceite de oliva, una pizca de tomillo, sal y pimienta negra

PREPARACIÓN

1. Picar la cebolla y el ajo finito y ponerlos a rehogar en aceite de oliva abundante a fuego suave.

2. Pelar las patatas y cortarlas en trozos pequeños (pueden ser cubitos o trozos más planos). Añadirlas a la cebolla, y subir el fuego hasta que se doren. Entonces bajar el fuego y dejarlas hasta que se hagan totalmente por dentro. Sacarlas bien escurridas de aceite, salpimentarlas y dejar que se enfríen un poco.

3. Deshuesar las aceitunas. Batir los huevos en un bol y añadirles una cucharada de patatas bien aplastadas, para que la consistencia del huevo sea más cremosa. Mezclarlo todo bien. Sumar el resto de las patatas, las aceitunas y el tomillo, probar y corregir de sal.

4. Dejar en la sartén sólo un poco de aceite, y ponerlo a fuego mediofuerte. Freír la mezcla de huevo y patata un par de minutos primero por un lado, removiendo un poco el centro sólo al principio para que cuaje parte del interior.

5. Menear un poco la sartén. Darle la vuelta a la tortilla con una tapa y freírla por el otro lado, metiendo los bordes para dentro con una cuchara de madera. Dejar que se haga entre uno y dos minutos.

6. Tapar con un plato y volver a darle la vuelta para que se quede en éste. Tiene que quedar dorada.

7. Servir caliente o a temperatura ambiente.

🍳 **NOTA DEL COCINERO** Usar aceitunas negras aliñadas puede añadir nuevos matices a la tortilla quitando el tomillo.

🎵 **MÚSICA PARA GUISAR** The Ronettes, *The best of The Ronettes* (2009).

8. PIZZA DE PATATA, ANCHOA Y ROMERO

¿Una pizza de patata? Pues sí, una pizza de patata. ¿O es que no tomas pan cuando comes cualquier plato con estos tubérculos? Pues entonces. Pongo a Dios por testigo de que está increíblemente buena, y que el contraste entre la masa crujiente, la patata asada, las anchoas saladas y el aroma del romero la hace tan sorprendente como exquisita.

Por supuesto, una idea tan brillante no podía haber sido mía, sino que viene de Italia de la mano de Antonio Barilaro, el yerno de mi cuñada (un lío de árbol genealógico con el que no os aburriré). Este joven calabrés, que entre otras muchas cosas se dedica a traer a España pasta fresca y otros productos deliciosos de su región de origen, fue el que me enseñó el arte de la pizza. Y como soy muy buena persona, tal cual la comparto con vosotros.

DIFICULTAD Para Antonio, baja; para mí, media.

INGREDIENTES

Para 4 personas
500 g de harina
15 g de levadura (o 5 g de levadura seca)
4 anchoas
2 patatas medianas
200 g (una bola y media, aproximadamente) de mozzarella, a poder ser de búfala
½ cebolla pequeña
1 rama de romero fresco
Aceite de oliva
Sal

356 LAS RECETAS DE *EL COMIDISTA*

1. Mezclar la harina, la levadura y una cucharadita de sal. Añadir 2 o 3 cucharadas de aceite y unos 300 ml de agua, aproximadamente. Mezclar bien, y si está muy pegajosa, ir espolvoreando algo más de harina en pequeñas cantidades, hasta que la masa no se pegue a los dedos.

2. Amasar con la palma de la mano durante unos 5 minutos para que quede elástica. Dejar levar una hora en un bol grande untado en aceite y tapado con un trapo en un lugar cálido.

3. Precalentar el horno a potencia máxima (entre 250 y 280 grados). Si el horno lo permite, usar la posición en la que el calor sale de la parte de abajo.

4. Un poco antes de que acabe el levado, picar la cebolla y las anchoas. Cortar la patata en láminas muy finas. Aceitar la bandeja de horno.

5. Extender la masa sobre una superficie enharinada, bien con los dedos o bien con un rodillo, hasta obtener un rectángulo más o menos del tamaño de la bandeja. Acostar la masa, que debe estar fina, sobre la bandeja, y pincharla con un tenedor. Pintarla con un chorrito de aceite.

6. Repartir las láminas de patata por encima, sin que se monten mucho una encima de otra para que se hagan bien (puede sobrar, no pasa nada). Después poner la cebolla y salar ligeramente.

7. Terminar con las anchoas y unas cuantas hojitas de romero. Hornear unos 7 minutos. Sacarla y ponerle la mozzarella repartida en trozos por encima. Volver a meterla en el horno otros 7 minutos más,

hasta que al intentar levantarla por un extremo notemos que la masa está rígida y hecha, y los bordes estén bien dorados. Servir inmediatamente.

 NOTA DEL COCINERO Si no te atreves con la masa, compra alguna masa fresca de buena calidad (la de Rana, por ejemplo). ¡Cualquier cosa con tal de evitar las horribles pizzas industriales listas para meter al horno!

MÚSICA PARA GUISAR Patty Bravo, *Patty Bravo* (1970).

Puedo afirmar y afirmo que Sicilia es una de las regiones de Europa donde mejor se come. Sólo he estado una vez, y el porcentaje de jamadas memorables fue más o menos de 8 sobre 10. No sólo cuentan con una materia prima excepcional, especialmente el pescado, sino que su cocina es un fantástico cruce de las tradiciones de la Italia sureña con la herencia de la dominación árabe.

De todos los platos que probé, hubo varios que me parecieron inolvidables: los *arancine*, una especie de croquetas de arroz rellenas; la *caponata* (receta en página 271); una pasta con erizo de mar y los espaguetis con pez espada.

Mi versión de este último plato, que usa emperador en vez de pez espada, parte de una receta que me pasó un amigo que vive en Roma. Posee todas las virtudes de la gastronomía de la isla: sencillez, ligereza, armonía y aprovechamiento máximo de los sabores originales de los alimentos. Y como todas las pastas, está recomendada por 10 de cada 9 dietistas para la recuperación postalcohólica.

🎲 DIFICULTAD *Nessuna.*

INGREDIENTES

Para 4 personas
400 g de espaguetis
Un par de filetes finos de emperador (unos 300 g aproximadamente)
1 berenjena grande
250 g de tomatitos pequeños (a poder ser locales, no bolas de plástico teñidas de rojo)
2 dientes de ajo

150 ml de vino blanco seco
1 cucharada de perejil picado
Aceite de oliva
Pimienta negra
Sal
Queso pecorino rallado (opcional)

PREPARACIÓN

1. Cortar la berenjena en dados pequeños, como de 1 cm aproximadamente (sin obsesionarse; lo importante es que más o menos tengan el mismo tamaño). Freírla en una sartén con aceite abundante, salarla ligeramente y escurrirla sobre un plato con papel de cocina.

2. Cortar el emperador en daditos de entre medio y 1 cm aproximadamente. Cortar los tomatitos por la mitad.

3. Poner a calentar agua abundante con sal en una cazuela grande para cocer la pasta.

4. Poner 4 cucharadas de aceite de las berenjenas en una sartén y dorar los ajos cortados en láminas a fuego suave. Retirarlos y reservarlos. Subir el fuego a fuerte. Saltear el emperador lo justo para que tome color.

5. Añadir el vino blanco, los tomates, la berenjena, el perejil y los ajos. Salpimentar y dejar que se haga a fuego medio-suave unos 5 minutos aproximadamente Cuando los tomates se hayan ablandado y soltado un poco de su jugo, y el vino haya reducido un poco y perdido el alcohol, retirar del fuego y reservar.

6. Cocer la pasta en el agua hirviendo el tiempo que ponga el paquete. Escurrirla y juntarla en la cazuela con la mezcla de pez espada, berenjena y tomatitos. Dar unas vueltas al fuego un par de minutos para que la pasta se empape y todo se caliente. Corregir de sal y pimienta y servir, si se quiere, con queso pecorino rallado para por encima.

 NOTA DEL COCINERO El emperador es muy parecido al pez espada, un pez que en el Mediterráneo está en peligro de extinción. Consulta las webs de WWF o Greenpeace para saber si en tu zona es sostenible consumirlo.

MÚSICA PARA GUISAR Radio Futura, *La ley del desierto, la ley del mar* (1984).

Los *eggs Benedict*, huevos Benedicto o huevos a la benedictina son uno de mis desayunos favoritos de todos los tiempos, y más cuando tengo resaca. Esta gran creación de la comida estadounidense debe de batir todos los récords en cuanto a cantidad de colesterol en un plato, pero qué queréis que os diga... me importa un bledo. Tampoco es que esté desayunando huevos Benedict todos los días, así que no creo que me vaya a morir por disfrutarlos de ciento en viento.

La gloriosa mezcla del huevo escalfado con el bacon y la salsa holandesa hizo muy popular este plato en el mundo anglosajón hace ya muchos años. Y como todo llega, desde hace unos años se va viendo por aquí en algunas cafeterías y restaurantes, sobre todo en los *brunch*.

Mi versión de los huevos Benedict, un poco a la española, va con fiambre de pavo ahumado y tostada de pan de payés. Pero la original, con bacon canadiense (el que tiene mucha chicha) y *english muffin*, es igual o mejor.

DIFICULTAD Media: los huevos escalfados y la salsa holandesa requieren cierta habilidad.

INGREDIENTES

Para 4 personas
6 huevos
80 g de mantequilla
4-8 lonchas de fiambre de pavo, jamón o bacon
1 limón
Vinagre blanco

Pimentón picante
Sal

PREPARACIÓN

1. Poner una cazuela grande con agua al fuego, y otra más pequeña (o un bol metálico) dentro para hacer un baño maría.

2. Derretir la mantequilla en el microondas o en otra cazuela. Cuando el agua esté caliente pero no hirviendo (unos 80 grados, que tenga burbujas), echar las yemas de 2 huevos y un par de cucharadas de agua en la cazuela pequeña o bol. Batir a mano hasta que se forme una espuma semicoagulada con textura espesa.

3. Añadir poco a poco la mantequilla fundida e ir batiendo para montar una especie de mayonesa. Cuando esté montada, ponerle un chorro de zumo de limón, sal y una pizca de pimentón picante. Bajar el fuego al mínimo y dejar al calor suave (la salsa holandesa no se puede enfriar porque la mantequilla se solidifica).

4. Tostar el pan.

5. Si los huevos se van a tomar con bacon, pasarlo por la sartén a fuego suave hasta que esté crujiente. Si es jamón o fiambre de pavo, darle vuelta y vuelta para marcarlo y reservarlo al calor.

6. Por último, poner a calentar agua en una cazuela pequeña. Mientras se espera a que hierva, poner film sobre una tacita, untarlo con aceite, echar un huevo y hacer un atadillo. Repetir la operación con todos. Cuando el agua esté a punto de hervir, bajar el fuego al mínimo y poner los huevos dentro 2 o 3 minutos, lo justo para que la clara cuaje.

7. Montar el plato con el pan, el fiambre o el bacon, el huevo y finalmente una cucharada de salsa holandesa. Terminar con una pizca de pimentón y servir inmediatamente.

 NOTA DEL COCINERO los huevos se pueden escalfar a la manera clásica, echándolos con cuidado en agua hirviendo con un poco de vinagre. Si se hace así, es importante que sean frescos y estén a temperatura ambiente.

MÚSICA PARA GUISAR Fangoria, *Una temporada en el infierno* (1999).

Por mucho que digan sus detractores, la comida en Grecia es fantástica. Es verdad que muchos restaurantes allí no se salen del sota, caballo y rey de la ensalada de tomate y feta, la musaka y el souvlaki, que el pescado lo destrozan, y que cuando cocinan mal hacen bazofias horribles. Pero ¿no pasa eso también aquí, donde cientos de desaprensivos atiborran a los guiris con sus repugnantes plastas de paella?

Si vas a los sitios correctos, la comida griega es un festín. Materias primas como el aceite, las aceitunas, el tomate, las berenjenas, el pepino, los *kalamari* o el cordero son de los mejores del mundo. Y su manera de cocinarlos, muy influida por Oriente Próximo, tiene auténticos hallazgos.

Uno de mis favoritos son las *keftedes* de cordero, unas albóndigas fritas espectaculares. Sólo acordarme de unas que me comí en una tabernita en una playa de Skyros me entra hambre y ganas de sacarme el billete e irme otra vez para allá.

Ésta es una versión propia de esas bolitas, que respeta en esencia el original. Y su única DIFICULTAD es conseguir que en la carnicería te piquen carne de cordero sin mirarte como a un bicho raro o decirte que no porque «les ensucia la máquina».

DIFICULTAD **Para cerebros triturados.**

INGREDIENTES

Para 4 personas
Albóndigas
250 g de cordero picado
250 g de cerdo picado

100 g de miga de pan de molde con nueces (o de cereales)
1 huevo
1 cebolla grande
2 dientes de ajo
3 cucharadas de menta picada
3 cucharadas de perejil picado
Leche entera
Harina
Aceite de oliva virgen
Sal y pimienta negra recién molida

Salsa de yogur
Dos yogures griegos
½ limón
Un diente de ajo
Aceite de oliva virgen
Una cucharada de perejil picado
Sal y pimienta negra recién molida

PREPARACIÓN

1. Picar la cebolla y rehogarla en aceite de oliva a fuego suave duran-te 15 minutos. Añadir el ajo y dejar que se dore levemente. Poner a re-mojo el pan en la leche hasta que se empape bien. Poner en un bol las dos carnes, añadir el pan, la cebolla y el ajo con el aceite, el huevo, las hierbas picadas y salpimentar. Mezclar bien todo, cubrir con film y dejar madurando en la nevera un par de horas (cuanto más tiempo, más sabor cogerá la carne).

2. Mientras, preparar la salsa poniendo en un bol el yogur, el ajo aplas-tado con la hoja de un cuchillo, el limón, el perejil, una pizca de sal y

pimienta recién molida. Añadir un chorro de aceite y remover hasta que esté todo bien mezclado. Filmar y a la nevera también un par de horas, para que el ajo dé sabor.

3. Preparar un plato o fuente cubierta con papel de cocina y otro hondo con harina. Calentar aceite abundante en una cazuela (si tienes una freidora o una rejilla para freír, mejor). Sacar la carne y retirar los trozos de ajo. Comenzar a hacer las bolitas con las manos: una cantidad buena de carne es la de una cucharada, pero se pueden hacer más pequeñas si se prefiere.

4. Enharinarlas e ir friéndolas en el aceite caliente, pero que no humee (una temperatura 7 de 10 es la correcta; si está demasiado caliente se quemarán por fuera y quedarán crudas por dentro). Cuando estén ligeramente doradas, dejar sobre el plato con papel absorbente para que pierdan el exceso de grasa.

5. Servir calientes junto a la salsa de yogur de la que se ha retirado el ajo y a la que se ha echado un chorrito de aceite por encima.

NOTA DEL COCINERO Lo mejor es tomar las albóndigas recién fritas, pero si las quieres tener hechas de antes, se pueden recalentar en el horno. El truco entonces es freírlas poco, para que se acaben de hacer allí.

MÚSICA PARA GUISAR The Lemonheads, *It's a shame about Ray* (1992).

12. HAMBURGUESA CON PIMIENTOS MACERADOS

La hamburguesa es un plato ligado a la comida rápida o directamente basura, gracias a las repugnantes versiones de la misma que se venden en las grandes cadenas (y digo repugnantes no porque sepan mal, sino por la asquerosa sensación de llenazo y de haber comido algo tóxico que te dejan después de tomarlas).

Por suerte, en España la hamburguesa ha comenzado en los últimos años a ser dignificada tanto en restaurantes como en carnicerías, y ya es posible comprar o comer versiones que se acercan más al original que a su versión degradada y americanizada. Para mí es de los platos antivegetarianos más deliciosos (¡y sanos!) que existen, siempre que sea de buena carne picada, con poca grasa, y aderezada con cierta gracia.

La hamburguesa de la receta va acompañada de unos pimientos cocidos y macerados y una salsa muy sencilla de mayonesa y crema. Es una apuesta segura —la carne y el pimiento verde han nacido para estar juntos—, impulsada al estrellato por los pimientos jugosos al haber sido cocidos y no fritos o asados, y la carne aliñada con la cebolla frita y las aceitunas.

[☠] DIFICULTAD   Un bocadillo no puede ser muy difícil.

INGREDIENTES

Para 4 hamburguesas

600 g de carne picada de ternera de calidad
1 cebolla
50 g de aceitunas verdes sin hueso
400 g de pimientos verdes grandes, tipo italiano

2 dientes de ajo
2 cucharadas de mayonesa
2 cucharadas de crème fraîche o yogur
2 cucharadas de zumo de limón
½ cucharadita de orégano
Aceite de oliva virgen extra
Sal y pimienta negra

PREPARACIÓN

1. Cocer los pimientos en agua abundante con sal unos 10 minutos o hasta que estén blandos.

2. Quitarles el tronco y las pepitas, pelarlos si tienen piel dura, escurrirlos bien y ponerlos en un tupper. Cubrirlos con aceite de oliva, los ajos picados en trozos grandes y una pizca de sal. Remover un poco y dejar macerando unas horas o de un día para otro.

3. Dorar la cebolla picada en una sartén con 4 cucharadas de aceite de oliva a fuego medio. Cuando esté tostada, sumarla con su aceite a la carne picada en un bol. Añadir las aceitunas picadas, pimienta negra y sal, mezclar bien y dejar en la nevera al menos una hora.

4. Preparar la salsa mezclando la mayonesa, la crème fraîche o yogur, el zumo de limón, el orégano, sal y pimienta negra. Si está muy espesa, añadir un poco de agua y mezclar bien. Hasta aquí se puede hacer con antelación.

5. Cuando se vayan a tomar, tener todo a temperatura ambiente. Si se van a comer en bocadillo, partir el pan en dos y untarlo con un poco del aceite de macerar los pimientos. Poner una sartén o plancha a ca-

lentar a fuego fuerte. Formar las hamburguesas con la carne, embadurnarlas con una gota de aceite y pasarlas por la sartén hasta que
tengan el punto que se desee.

6. Servirlas con una cucharadita de salsa por encima y unos pimientos
con un poco de sal, solas o entre pan y pan.

NOTA DEL COCINERO Para una versión más *light*, se puede
suprimir la salsa tranquilamente.

MÚSICA PARA GUISAR Everything but the Girl, *Idlewild* (1988).

bajón
de
azúcar

La magdalena de Proust es uno de los alimentos más famosos de la literatura universal. Para los iletrados, y para los que habéis estado muy liados y no habéis tenido tiempo de leer los siete tochazos que componen *En busca del tiempo perdido*, explicaré que el producto en cuestión aparece en el primero de ellos, *Por el camino de Swann* (1913).

La magdalena es importante porque ella solita desencadena en el narrador la catarata de recuerdos infantiles con que arranca el libro. Por ello se ha convertido en un símbolo del poder evocador de los sentidos, de la capacidad de llevarnos al pasado que pueden tener un sabor o un olor.

Así que nada, a partir de ahora ya podéis hablar de las magdalenas de Proust sin haber leído una línea de su espesa obra. Incluso podéis hacerlas con esta fantástica receta, mojarlas en té y jugar a sentiros por un momento como el pobre Marcel.

☠ DIFICULTAD Media: cuidadín al mezclar las claras con la masa.

INGREDIENTES

Para 1 kg aproximadamente
4 huevos
250 g de azúcar
250 g de mantequilla
250 g de harina
½ limón

1. Derretir la mantequilla y dejar que se enfríe.

2. Separar las yemas de las claras. Batir las yemas con el azúcar hasta que la mezcla blanquee y esté espesa. Añadir la mantequilla, el zumo de medio limón y la harina tamizada (se puede hacer con un colador).

3. Precalentar el horno a 190 grados.

4. Batir las claras a punto de nieve e incorporarlas con cuidado a la masa con una espátula o cuchara de madera. El secreto es hacer movimientos semicirculares envolventes, que acaben en uno recto que divida la masa por la mitad.

5. Echar una cucharadita colmada en cada molde de papel (si éstos son entre pequeños y medianos; si son más grandes, dos). Cocer en el horno durante 20-25 minutos, sacándolas cuando empiecen a dorarse los moldes.

NOTA DEL COCINERO Las magdalenas se conservan varios días guardadas en una lata o tupper. Eso si no hay depredadores cerca, claro.

MÚSICA PARA GUISAR Camera Obscura, *Let's get out of this country* (2006).

Desde que oí hablar de las chulas de calabaza tuve ganas de hacerlas. Sé que no son lo más adelgazante del mundo, pero me encantan los dulces fritos, siempre que estén bien hechos y que no rezumen grasa, claro. Y también soy fan de la calabaza, tanto en postres como en platos salados.

Las chulas son unas primas del buñuelo típicas de Galicia, y creo que también de algunas zonas de Asturias. Esta receta es la que siguen en la Fundación Wenceslao Fernández Flórez en el Samaín (Todos los Santos), al parecer con gran éxito de crítica y público.

Las chulas son *pa'* cuidarlas, como decía Alejandro Sanz en su primer single (pero con los chulos), y hay que tener cierta paciencia. La primera vez que las hice me quedaron horribles. El aceite estaba demasiado caliente y la cantidad de masa que ponía en la sartén era excesiva. Resultado: chulas requemadas por fuera y crudas por dentro. O sea, que se fueron directas a la basura. Pero si se fríen correctamente, están buenísimas.

DIFICULTAD Media: hay que controlar bien la temperatura del aceite.

INGREDIENTES

Para 4-6 personas
1 kg de pulpa de calabaza
200 g de harina
250 g de azúcar
6 huevos
Aceite de girasol
Sal

1. Cocer la calabaza cortada en trozos grandes en agua hirviendo con sal, hasta que esté tierna (unos 10-15 minutos). Sacar y poner los trozos en un colador grande, y escurrirlos bien. Cuando se haya enfriado un poco, poner la calabaza en un paño limpio y estrujarlo para que suelte la mayor cantidad de líquido posible.

2. Batir los huevos con el azúcar. Mezclar con la harina y batir bien. Añadir la calabaza y triturar todo con la batidora, hasta conseguir una masa líquida homogénea.

3. Preparar un plato o fuente cubierto con papel de cocina. En una cazuela baja o sartén, poner a calentar a fuego medio aceite abundante. Cuando haya alcanzado temperatura, ir friendo pequeñas dosis de la masa echándolas en el aceite con una cuchara. Cuando estén bien fritas, sacarlas y dejarlas sobre el papel de cocina para que pierdan el exceso de aceite.

4. Servir templadas, espolvoreadas con azucar glas y/o canela si se quiere.

🎯 NOTA DEL COCINERO Se pueden experimentar variantes saladas de la chula y probar con especias como el curry o el cardamomo.

🎵 MÚSICA PARA GUISAR Golpes Bajos, *Todas sus grabaciones 1983-1985* (1991).

Los *panellets* son los dulces típicos de Todos los Santos en Cataluña, aunque ya se toman en otras partes de España. Normal, teniendo en cuenta lo buenísimos que están. Sé que reniego de mi tradición pero si los comparo con los huesitos de santo que se comían en mi casa, lo siento pero no hay color: ganan los *panellets* por goleada.

Como otros clásicos de la cocina tradicional, los *panellets* cuentan con su propio debate en los ingredientes: ¿patata sí o patata no? Hay quien dice que la fécula sirve para suavizarlos y hacerlos más esponjosos; otros piensan que es un sacrilegio y una forma burda de ahorrar almendra.

En mi caso, y como advenedizo que soy en el mundo del *panellet*, obedezco las órdenes de la suma sacerdotisa de la cocina catalana, Carme Ruscalleda, que no les pone patata. Por cierto, si los haces en casa cuestan menos de la mitad de lo que te cobran en las pastelerías, y saben mucho mejor.

DIFICULTAD No hay que tener ocho apellidos catalanes.

INGREDIENTES

Para 6-8 personas
Masa
½ kg de almendra en polvo
300 g de azúcar
150 ml de agua
1 clara de huevo

Coberturas
200 g de piñones
100 g de almendra picada
100 g de coco rallado
50 g de cacao en polvo
2 yemas de huevo

PREPARACIÓN

1. Poner el agua y el azúcar en una cazuela. Hervir, y cuando el azúcar esté disuelto del todo, añadir la almendra en polvo. Remover durante 2 minutos y dejar enfriar. Incorporar la clara de huevo y mezclar bien. Dejar reposando en la nevera un mínimo de 2 horas, o de un día para otro.

2. Cubrir una bandeja de horno con papel de hornear. Precalentar el horno a 200 grados.

3. Dividir la masa en 4 partes. Hacer pequeñas bolitas con la masa con ayuda de una cucharilla. Rebozar la primera parte en los piñones, y colocar los *panellets* encima de la bandeja.

4. Hacer lo mismo con la segunda parte en la almendra, y con la tercera, en el coco. Con la cuarta, que será la de chocolate, hacer bolas y dejarlas tal cual sobre la bandeja.

5. Mezclar en un vaso las yemas de huevo con unas gotas de agua. Pintar las bolitas de piñones y de almendra con la yema (las de coco y las de chocolate no hace falta).

6. Hornear unos 5 minutos en la parte superior del horno, hasta que los *panellets* se doren levemente. Tienen que quedar tiernos por dentro.

7. Sacar del horno y, cuando estén templados, rebozar los panellets de chocolate en el cacao.

 NOTA DEL COCINERO Los *panellets* admiten todo tipo de variaciones: se pueden cubrir con avellana picada o ponerles una entera, o añadir a la masa un poco de café instantáneo, ralladura de limón, naranja...

 MÚSICA PARA GUISAR Burt Bacharach, *Make it easy on yourself* (1969).

4. POSTRE DE CEREZAS, YOGUR Y PIÑONES

No sé si decir que su sabor te recuerda al de una chuchería es la mejor tarjeta de presentación para un postre, pero esto es exactamente lo que sentí al tomar por primera vez este invento hecho de cerezas, yogur y piñones garrapiñados. Tuve un *flashback* a la infancia que me retrotrajo a los días del Kojak, mi chupachús favorito de todos los tiempos por su genuinamente falso gusto a cereza y por el chicle que guardaba en su interior.

Claro que se trata de una versión mucho más natural y refinada de aquel sabor, o más bien justo lo que los químicos que crearon el Kojak trataban de imitar. La única pesadez es la de despepitar las cerezas. Ahora bien, se puede tener tranquilamente todo hecho con antelación, así que resulta ideal para soprender a tus invitados sin despeinarte medio pelo, en plan Bree Van de Camp o Isabel Preysler con los Ferrero-Rocher.

💀 **DIFICULTAD** Para divas que no se ensucian en la cocina.

INGREDIENTES

Para 4 personas
400 g de cerezas gruesas bien carnosas (si no, aumentar a 500 o 600 g)
4 yogures griegos (½ kg aproximadamente)
100 g de piñones
2 cucharadas de miel
1 limón y azúcar

PREPARACIÓN

1. Precalentar el horno a 200 grados.

2. Mezclar los piñones con la miel en un bol, y extenderlos sobre una bandeja de horno con un tapete de silicona (en su defecto, papel de horno pintado con aceite o mantequilla derretida puede funcionar). Hornear unos 10 minutos aproximadamente, hasta que se pongan dorados. Sacar y dejar enfriar.

3. Despepitar las cerezas con una herramienta para ello o con la mano. Ponerlas en un cazo a fuego medio con una cucharada de azúcar, otra de zumo de limón y 2 de agua. Tenerlas unos 4 minutos hirviendo moviendo de vez en cuando, y sacarlas a un bol con una espumadera. Enfriarlas para cortar la cocción, poniéndolas sobre agua con hielo y metiéndolas después tapadas en la nevera.

4. Dejar reduciendo el líquido un par de minutos más hasta que se forme un almíbar ligero. Dejar enfriar.

5. Endulzar el yogur con un par de cucharadas de azúcar. Añadirle la mitad del almíbar y darle dos o tres vueltas con la cuchara, sin mezclar del todo para que se vean trazas de blanco y granate.

6. En vasos individuales o en una fuente, disponer capas de yogur y de cerezas, acabando con estas últimas y un chorrito de almíbar. Hasta aquí se puede hacer con antelación, guardándolo en la nevera filmado.

7. Justo antes de servir, decorar con trozos de los piñones garrapiñados.

🎭 **NOTA DEL COCINERO** Si no se encuentran buenas cerezas, se puede probar con otras frutas como la nectarina, la ciruela, la grosella o los arándanos.

🎵 **MÚSICA PARA GUISAR** Varios, *Sock it to 'em Soul* (2004).

5. ARROZ CON LECHE DE VERDAD

El arroz con leche es uno de los postres por excelencia de nuestra infancia, con el que sólo podían competir las natillas y el flan. Esta bomba calórica era consumida con fervor muchos fines de semana y, al menos en mi casa, suscitaba eternos debates. ¿Era mejor con o sin limón? ¿Más líquido o más cremoso? ¿Con canela espolvoreada, o sólo con una ramita?

Por desgracia, el descenso meteórico en la calidad de la leche, sumado a las prisas en la cocción, ha degradado este fantástico postre a la categoría de «plato que da pereza pedir». Sin embargo, cuando lo tomo en casa de mi hermano y mi cuñada en Karrantza (Vizcaya), hecho con auténtica leche de vaca y la paciencia necesaria, siento que hay que reivindicar sin descanso esta maravilla de la repostería del norte de España.

Lograr un buen arroz con leche es relativamente fácil. Sólo hay que conseguir una leche entera decente y estar un poco atentos durante la hora y media de cocción. El resultado es pura crema.

🎃 **DIFICULTAD** Hay que tener cuidado de que no se vaya la leche ni se agarre el arroz.

Para 4 personas
2 litros de leche entera pasterizada o ecológica
200 g de azúcar
100 g de arroz
1 ramita de canela

1. Poner a calentar la leche con la canela y el azúcar. Cuando rompe a hervir, echar el arroz en lluvia y revolver.

2. Cuando vuelve a hervir, poner el fuego al mínimo. Revolver muy a menudo porque es fácil que se pegue o que se vaya. Tener al fuego una hora y media aproximadamente, hasta que el arroz esté bien hecho y la leche muy cremosa.

NOTA DEL COCINERO Una variante curiosa de este plato es hacerlo con leche de coco, en plan oriental.

MÚSICA PARA GUISAR The Beatles, *Rubber Soul* (1966).

Seré un ignorante y un cateto, pero siempre había pensado que el *plum cake* era un bizcocho bastante pesado con muchas, muchas frutas confitadas. Así era la versión española, al menos. De pequeño, lo odiaba: no entendía cómo algo tan delicioso como un bizcocho se podía estropear con esas malditas frutas de sabor y tacto tan dulzón y desagradable.

Nunca me había parado a pensar que *plum cake* significa literalmente «bizcocho de ciruelas», hasta que mi amigo Álvaro Picardo me recomendó una receta del cocinero británico Nigel Slater. Él me contaba que la había hecho con unas ciruelas de su casa de campo en Inglaterra y que le había quedado impresionante. Como yo nunca puedo ser menos que mis amigos con casas de campo en Inglaterra, me puse mi disfraz de Laura Ashley y me dispuse a imitarle con unas ciruelas catalanas.

El resultado no tenía nada que ver con los malos recuerdos de mi infancia. El jugo de las ciruelas había empapado el bizcocho, ligero pero a la vez enriquecido por las almendras y las nueces. De hecho, es un plato que lo mismo puede servir para tomar con café o té como para postre, acompañándolo con un poco de helado, nata, *crème fraîche* o yogur.

💀 DIFICULTAD Baja.

INGREDIENTES

Para 6-8 personas
10-12 ciruelas negras, dependiendo del tamaño
150 g de mantequilla
150 g de azúcar (o un poco más si gusta muy dulce)
3 huevos grandes
75 g de harina

1 ½ *cucharaditas de levadura Royal o similar*
100 g de almendra molida
50 g de nueces

PREPARACIÓN

1. Precalentar el horno a 180 grados. Forrar un molde alto para bizcochos con papel de horno, o embadurnarlo de mantequilla.

2. Batir la mantequilla blanda con el azúcar con un robot de cocina o, en su defecto, con las varillas y la batidora, hasta que quede esponjosa y pálida. Cortar las ciruelas en dos trozos y quitarles el hueso.

3. Batir ligeramente los huevos e ir añadiéndolos poco a poco a la mantequilla. Agregar la harina mezclada con la levadura e incorporarla con suavidad a la mezcla con una espátula. Añadir la almendra y las nueces troceadas en grueso, y mezclar.

4. Verter la masa en el molde, y colocar las ciruelas con la piel hacia arriba por encima. Hornear entre 35 y 45 minutos, sin abrir nunca la puerta del horno. Para saber si está hecho, pinchar con una aguja o cuchillo fino en el centro del bizcocho: si sale limpia, ya está.

5. Sacar del horno y dejar que se enfríe unos 15-20 minutos, y desmoldar con cuidado.

NOTA DEL COCINERO Cualquier fruta jugosa y un poco ácida puede sustituir a la ciruela.

MÚSICA PARA GUISAR Ike & Tina Turner, *River deep, mountain high* (1966).

7. BIZCOCHO DE YOGUR, PISTACHOS Y MANDARINA

El bizcocho de yogur es un *hit* de la repostería infantil: pocas recetas en este campo son tan fáciles y a la vez tan efectivas. El truco de medir las cantidades con el mismo envase del yogur —3 de harina, 2 de azúcar, ½ de mantequilla o aceite— podrá parecer rastrero a los cocineros más esnobs, pero es todo un hallazgo de la repostería sencilla.

Esta variante no utiliza esa regla, porque el objetivo buscado es un bizcocho más denso y no tan esponjoso. La receta está adaptada de la revista de los supermercados británicos Waitrose. *As usual* he hecho los cambios que me ha dado la gana: uso mandarinas en vez de naranjas, por lo que reduzco un poco la cantidad de azúcar; elevo los gramos de pistacho y bajo los de pasas, y subo ligeramente la mantequilla porque la primera vez que lo hice me pareció que quedaba un pelín seco.

DIFICULTAD Para niños de 10 años y adultos con esa edad mental.

INGREDIENTES

Para un bizcocho pequeño (unas 8 raciones)
225 g de harina
175 g de azúcar
40 g de pasas sin pepitas (sultanas)
50 g de pistachos pelados y picados
3 mandarinas
125 g de yogur natural
75 g de mantequilla
2 huevos
2 cucharadas de miel

½ *sobre de levadura Royal*
1 *cucharadita de sal*

1. Precalentar el horno a 180 grados. Derretir la mantequilla en un cazo al fuego y dejar que se temple. Rallar la cáscara de 2 de las mandarinas y reservar la ralladura (si tienen la piel fina, se pueden pelar y picarla muy menuda).

2. Untar con mantequilla el molde de horno y forrarlo de papel sulfurizado (de hornear).

3. Mezclar todos los elementos secos (harina, levadura, azúcar, pasas, ralladura de mandarina, sal y casi todos los pistachos, reservando unos pocos para decorar).

4. Batir ligeramente los huevos y mezclarlos con el yogur y la mantequilla. Sumarlos a la harina y mezclar con una espátula hasta obtener una masa homogénea. Verterla en el molde y hornear unos 40-45 minutos.

5. Mientras, exprimir las mandarinas y mezclar el zumo con la miel en un cazo pequeño. Ponerlo a hervir suave hasta que reduzca a un poco menos de la mitad y quede un almíbar ligero.

6. Sacar el bizcocho del horno y comprobar que está hecho pinchándolo en el centro: si la aguja o el cuchillo salen limpios, está. Hacer varias incisiones por toda la superficie del bizcocho, y mojarlo con el almíbar caliente. Decorar con los pistachos reservados.

7. Cuando esté templado, desmoldar.

NOTA DEL COCINERO El bizcocho se puede tomar como postre haciendo más almíbar y mojando bien cada rebanada antes de servirla, acompañándolo de más yogur batido con azúcar o de nata montada.

MÚSICA PARA GUISAR De La Soul, *3 feet high and rising* (1989).

De las 10.000 variantes de tarta de queso que deben de existir, esta receta original de mi cuñada May me gusta por varias razones. La avena le da un punto crujiente a la base que me recuerda mucho a las galletas con cereales o al muesli mojados en leche. El relleno no es demasiado pesado ni dulzón, y tiene personalidad gracias a la mezcla de aromas de la vainilla y el limón. Y además de todo eso, es uno de los postres más simples de hacer que conozco.

El único inconveniente que puede tener es que, si vives en sitios apartados, te sea difícil encontrar avena y vainilla en rama. Pero en muchos supermercados o tiendas de dietética de las ciudades las venden.

⊡ DIFICULTAD Si hay manitas, hay tartita.

INGREDIENTES

Base
150 g de mantequilla
50 g (1 dl) de azúcar
75 g (1,5 dl) de avena
160 g (2 dl) de harina

Relleno
500 g de requesón (o ricotta, o mató)
250 g de queso fresco
3 huevos
1 vaina de vainilla (o una pizca de extracto de vainilla, en su defecto)
½ limón
50 g de azúcar

1. Precalentar el horno a 200 grados.

2. Derretir la mantequilla en un cazo a fuego muy suave. Mezclar con el azúcar, la avena y la harina.

3. Engrasar con mantequilla un molde desmontable de unos 25 cm de diámetro. Extender la masa, que estará muy húmeda, con las manos por la base y los lados hasta la altura que dé (la base tiene que quedar finita). Hornear durante 10 minutos y dejar que se enfríe.

4. Cortar la vaina de vainilla longitudinalmente, raspar las semillas e ir dejándolas en un bol. Mezclarlas con la ralladura del medio limón y el azúcar. Añadir el requesón, el queso fresco y los huevos poco batidos. Mezclar todo bien hasta que quede una crema más o menos homogénea.

5. Verterlo sobre la base y meterlo otra vez al horno entre 30 y 40 minutos, hasta que cuaje y esté ligeramente dorada.

🎃 NOTA DEL COCINERO La idea de añadir cereales o frutos secos a las bases se puede aplicar a todo tipo de tartas, en sustitución de parte de la harina.

🎵 MÚSICA PARA GUISAR Paul Simon, *Paul Simon* (1972).

9. TARTA DE PERAS Y ALMENDRAS

Algunas veces te pones a cocinar un plato sin mucho convencimiento, y sale algo que supera todas tus expectativas. Esto fue lo que me pasó con esta tarta de peras, cocinada con el único propósito de aprovechar unos ejemplares de esta fruta que se estaban perdiendo y de paso ventilar parte de las dos toneladas de almendra molida que había comprado para hacer *panellets*.

La tarta no podía ser más elemental: una base de pasta quebrada dulce, un relleno de huevo, almendra y mantequilla, y las peras ligeramente cocidas. Y lo que amenazaba con acabar como una plasta dulzona de mazapán se transformó en un finísimo pastel, en el que las peras jugosas se fundían a la perfección con la masa almendrada.

🎲 DIFICULTAD Media: tiene su curro.

INGREDIENTES

Para 6-8 personas
3 peras conferencia
110 g de harina
230 g de almendra molida
300 g de mantequilla (200 a temperatura ambiente, y 100 muy fríos)
5 huevos
280 g de azúcar
Una pizca de sal

1. Poner en un bol la harina con una pizca de sal, y arenar con ella 80 g de mantequilla muy fría cortada en daditos (se trata de ir desmigando la mantequilla con la punta de los dedos, hasta conseguir una especie de arena gruesa). Añadir 30 g de azúcar y otro tanto de almendra molida, y mezclar con la punta de los dedos. Añadir la yema de uno de los huevos, y ligar hasta formar una bola, sin amasar mucho. Si está muy seca y no liga, se pueden añadir unas gotas de leche. Envolver la pasta en film y meter en la nevera un mínimo de una hora.

2. Preparar mientras tanto las peras. Poner a hervir ¼ litro de agua y 150 g de azúcar en un cazo (no remover mientras se calienta, porque puede cristalizar; sí se puede menear el cazo). Pelar las peras y cortarlas en cuartos desechando el corazón. Cuando hierva el almíbar y el azúcar se haya disuelto del todo, añadir las peras, retirar del fuego y tapar.

3. Precalentar el horno a 190 grados.

4. Preparar el relleno mezclando 100 g de azúcar con 200 g de mantequilla muy blanda. Añadir 200 g de almendra molida y 4 huevos. Mezclar bien hasta que quede una masa homogénea, y reservar.

5. Extender la masa que estaba en la nevera en un molde de unos 24 cm. Lo mejor es ponerla en el centro del molde e ir extendiéndola con los dedos hasta cubrir los lados. Al principio cuesta, pero según se vaya calentando será más fácil. Pinchar la masa con un tenedor por toda la superficie, taparla con papel de aluminio, y poner encima pesos de cocina o garbanzos secos para que se haga de manera uniforme.

6. Hornearla unos 10 minutos, sacarla, quitar el papel de aluminio con los pesos, y hornearla 5 minutos más. Dejar que se enfríe dentro del molde.

7. Verter el relleno y repartir las peras escurridas por encima, formando una rueda e intentando que quepa la mayor cantidad posible (sin aplastar). Repartir taquitos de los 20 g de mantequilla sobrante por encima, y cocer en el horno durante unos 20 minutos. Servir templado.

🔲 **NOTA DEL COCINERO** La mantequilla se puede arenar también en un robot de cocina, siempre que esté muy fría y no te pases con el tiempo de mezclado.

🔲 **MÚSICA PARA GUISAR** The XX, *XX* (2009).

Los franceses y los ingleses llaman *pots de creme* a unas natillas muy suaves horneadas y servidas en recipientes pequeños. El tamaño se agradece porque son bastante contundentes: siempre llevan yema de huevo, nata y azúcar por un tubo, por lo que en dosis grandes pueden acabar con el goloso más pervertido.

Esta receta, adaptada del blog *Chubby Hubby*, me gustó porque contrarresta toda esa dulzura con el amargor del chocolate negro y del té. También es especialmente acertada la elección del tipo de té (Earl Grey), que en infusión no me gusta nada pero que aquí funciona increíblemente bien con sus aromas cítricos de bergamota.

El *pot de creme* aparenta ser un postre muy exquisito y elaborado, pero no tiene ningún misterio ni complicación. Eso sí, necesitas unos ramequines o, en su defecto, cualquier taza o recipiente pequeño que aguante una temperatura de horno baja, de unos 120 grados.

DIFICULTAD Para seres básicos.

INGREDIENTES

Para 4 a 6 personas
250 ml de nata líquida
150 ml de leche entera
1 ½ cucharadas de té Earl Grey
30 g de azúcar
100 g de chocolate negro
4 yemas de huevo
20 g de pistachos picados (opcional)

1. Poner a calentar en un cazo la leche con la nata. Cuando hierva, retirar del fuego y añadir el té. Tapar y dejar enfriar (unos 20 minutos).

2. Picar el chocolate en trozos pequeños, raspando la tableta con un chuchillo de sierra. En un bol, blanquear las yemas (batirlas hasta que tengan un color pálido).

3. Precalentar el horno a 120 grados, y preparar el baño maría, poniendo agua en una fuente grande de horno hasta que llegue como mínimo a la mitad de los ramequines o tazas.

4. Colar la leche y la nata y ponerla a calentar de nuevo. Añadir el azúcar y disolverlo bien. Retirar del fuego y añadir el chocolate. Remover hasta que se derrita del todo.

5. Añadir esta mezcla al hilo (poco a poco) a los huevos, sin parar de remover. Cuando esté todo bien mezclado, verter sobre los ramequines y hornear al baño maría a 120 grados durante 60 minutos (45-50 si has usado recipientes más pequeños). Si entonces no han cuajado aún, dejarlos 10 minutos más.

6. Dejar enfriar y meter en la nevera. Decorar, si se quiere, con un poco de pistacho picado por encima.

🕯 **NOTA DEL COCINERO** Se puede experimentar con otras infusiones, o utilizar chocolate a la naranja, por ejemplo.

🎵 **MÚSICA PARA GUISAR** Free Design, *Umbrellas* (1998).

Introducir elementos dulces, sobre todo frutas secas, en platos sala-dos es práctica habitual en muchos platos de la cocina mediterránea, pero no lo es tanto seguir el camino contrario, el de poner algo salado en un postre. Las combinaciones de chocolate y sal se han puesto rela-tivamente de moda en los últimos tiempos: usado con moderación, el cloruro sódico potencia el sabor del cacao y lo hace menos empalago-so. Algo tan simple como una tostada con aceite de oliva virgen, cho-colate negro fundido y unas escamas de sal puede ser una delicia.

Esta receta está adaptada del libro *Adventures with chocolate*, de Paula Young. Cuando la hice por primera vez con las cantidades que apuntaba, me pareció demasiado salada y me recordó a los cafés con sal que te tomabas en la adolescencia para provocar el vómito y no llegar borrachuzo a casa de tus padres (qué tiempos tan bonitos). Así que he reducido de forma drástica la cantidad de sal, dejándola en lo justo para que las nueces contrasten con el relleno.

💀 DIFICULTAD Media.

INGREDIENTES

Base
250 g de harina
175 g de mantequilla a temperatura ambiente
75 g de azúcar
15 g de cacao en polvo
1 yema de huevo
Leche

Relleno

200 g de chocolate negro (entre 60 y 70 % de cacao)
200 ml de nata líquida
150 g de azúcar moscovado (en su defecto, 100 g de azúcar moreno)
Una pizca de sal

Cobertura

100 g de nueces pacanas (o normales)
100 g de azúcar
1 cucharadita de sal Maldon

PREPARACIÓN

1. Mezclar la mantequilla con el azúcar en un bol grande hasta que quede una especie de crema. Añadir la yema de huevo y un chorro de leche (unos 50 ml), y mezclar bien. Agregar poco a poco la harina mezclada con el cacao, e ir formando una masa. Si queda muy pegajosa, añadir algo más de harina. Sin trabajarla mucho, filmarla y dejarla reposar en la nevera un mínimo de una hora (se puede hacer de un día para otro, o congelarla).

2. Sacar la masa de la nevera y dejar que se temple un poco. Estirarla sobre una superficie enharinada con un rodillo y acostarla sobre un molde de unos 25 cm de diámetro y unos 3 cm de altura. Pegarla bien al fondo y al borde y cortar lo que sobresalga. Devolver a la nevera unos 15 minutos, y mientras, precalentar el horno a 180 grados.

3. Pinchar la masa con un tenedor, cubrirla con papel de aluminio y ponerle encima pesos de cocina o garbanzos secos para que no suba. Hornear unos 10 minutos, sacar y quitarle el papel y los pesos. Volver a meter al horno unos 5-10 minutos más, hasta que esté dura y seca. Dejar enfriar.

4. Para el relleno, poner un bol metálico o cazuela al baño maría (es decir, sobre otro recipiente más grande con agua casi hirviendo). Añadir el chocolate picado, la nata, el azúcar y la pizca de sal y remover hasta que quede una crema homogénea. Verter sobre la base fría y enfriar en la nevera.

5. Para la cobertura, preparar una superficie antiadherente (un silkpat, alfombrilla de silicona o similar). Poner a calentar una cazuela pequeña a fuego suave-medio. Agregar el azúcar y, sin remover, dejar que se disuelva y se haga caramelo. Añadir la sal y mezclar bien. Sumar por último las nueces y envolverlas bien con el caramelo.

6. Extenderlas lo máximo posible sobre la superficie con una espátula y, cuando se vayan enfriando y se puedan tocar, ir separándolas y pegándoles los hilos de caramelo con los dedos. Una vez frías, colocarlas sobre la tarta.

7. Decorar, si se quiere, con un poco de azúcar glas y unas pocas escamas más de sal Maldon.

NOTA DEL COCINERO Si te da mucho palo hacer la masa puedes utilizar alguna fresca, pero de calidad.

MÚSICA PARA GUISAR Love, *Forever changes* (1968).

12. PASTEL DE CHOCOLATE, NARANJA Y CERVEZA

Este pastel está inspirado en el *chocolate stout cake* que toman los ir-
landeses el día de San Patricio. La primera vez que lo cociné me pareció que quedaba demasiado contundente, así que en la siguiente decidí
aligerarlo y hacerlo más jugoso tomando las siguientes medidas: im-
pulsar el bizcocho con levadura Royal —el original sólo lleva bicarbonato—, empaparlo con un almíbar muy ligero de naranja, y cubrirlo
con un chocolate menos amargo y un poco aromatizado con esta fruta.
También sustituí la crema agria por yogur griego.

El resultado fue un éxito total, incluso entre el público que te dice
que algo está «asqueroso» cuando no le gusta (mis sobrinos).

DIFICULTAD Fácil, pero trabajoso.

INGREDIENTES

Para 8-10 personas
Bizcocho
*240 ml de cerveza negra (en su defecto, rubia, pero saldrá algo más
    dulce)*
225 g de mantequilla
80 g de cacao en polvo sin azúcar
300 g de harina
480 g de azúcar
1 sobre de levadura Royal (16 g)
1 cucharadita de bicarbonato
1 cucharadita de sal
3 huevos
1 yogur griego

Almíbar

2 naranjas grandes

8 cucharadas de azúcar

Cobertura

240 ml de nata líquida

100 g de chocolate negro (entre 50 y 70 % de cacao puro)

100 g de chocolate a la naranja (en su defecto, usar más chocolate negro y aromatizarlo con una cucharadita rasa de ralladura de naranja)

PREPARACIÓN

1. Precalentar el horno a 180 grados. Untar con mantequilla un molde de horno redondo de unos 26 o 28 cm de ancho y unos 7 cm de alto. Recubrirlo con papel de horno y volver a untar con mantequilla.

2. Poner a calentar en una cazuela la cerveza y la mantequilla a fuego medio. Cuando empiece a hervir, retirar del fuego y añadir el cacao. Remover hasta que quede bien mezclado, y dejar que se enfríe un poco.

3. Mezclar la harina, el azúcar, la levadura Royal, el bicarbonato y la sal en un bol grande. En otro bol grande, batir los huevos y el yogur hasta que quede una mezcla homogénea. Añadir el chocolate con cerveza al huevo con yogur sin batirlo mucho, lo justo para que se mezcle.

4. Incorporar a este preparado la harina y demás elementos secos, y mezclar con una espátula con suavidad hasta que quede homogéneo. Verter en el molde y hornear 30 minutos. Sacar y probar si está hecho pinchando un cuchillo fino en el centro: si sale limpio, es que está. Si no, cocer 5 minutos más hasta que esté. Dejar enfriar sobre una rejilla.

5. Preparar la cobertura poniendo a calentar la nata líquida. Picar el chocolate. Cuando la nata hierva, retirarla del fuego y añadir el chocolate picado. Remover hasta que se derrita del todo y reservar.

6. Si no se tiene chocolate con naranja, rallar las naranjas hasta obtener una cucharadita y añadirla a la cobertura. Exprimir las naranjas para obtener su zumo y ponerlo a calentar en una cazuela pequeña con el azúcar. Dejar que hierva suave un par de minutos sin removerlo, hasta que el azúcar se haya disuelto del todo y el almíbar coja un poco de cuerpo.

7. Cuando el bizcocho esté ya frío, desmoldarlo, quitar el papel de horno y hacerle un corte horizontal para dividirlo en 2 capas de grosor parecido. Con dos cuchillos grandes o dos palas, sacar la tapa de arriba a un plato grande. Taparlo con otro plato y darle la vuelta. Impregnar ambas partes con el almíbar, repartiéndolo con una cuchara o brocha y reservando un poco.

8. Untar la capa de abajo con 2 o 3 cucharadas de cobertura de chocolate, repartiéndola con una espátula. Darle la vuelta de nuevo a la tapa de arriba, y colocarla encima de la de abajo para que el bizcocho recupere su forma original. Mojar finalmente la parte de arriba con el almíbar restante.

9. Cubrir el bizcocho con el resto del chocolate usando una espátula. Enfriar en la nevera y servir.

🕱 **NOTA DEL COCINERO** Este pastel admite variantes con otras frutas como la mandarina, la pera o la frambuesa.

🎙 **MÚSICA PARA GUISAR** Van Morrison, *Moondance* (1970).

LAS TEMPORADAS DE LOS ALIMENTOS

Soy bastante militante en el respeto a la temporalidad, y casi nunca publico recetas con alimentos que no estén en su época. Lo hago por tres motivos: salen más baratos, suelen estar mil veces mejor de sabor y tienen mucho menos impacto medioambiental. Comer melón en invierno y naranjas en verano no sólo es una irresponsabilidad, sino también una tontería.

Las temporadas varían un poco dependiendo de la zona (no es lo mismo vivir en Cádiz que en Lugo), pero más o menos el calendario de verduras, frutas y pescados es éste.

INVIERNO

Verduras	*Frutas*	*Pescados y mariscos*
Ajo	Lechuga	Bacalao
Acelgas	Puerro	Berberechos
Alcachofas	Rábano	Besugo
Apio	Remolacha	Cigala
Brócoli	Zanahoria	Fletán
Calabaza		Mejillones
Cardo	*Frutas*	Mero
Cebolla	Kiwi	Palometa
Col	Limón	Salmón
Coliflor	Mandarina	Trucha
Endivias	Manzana	Vieiras
Escarola	Naranja	Zamburiñas
Espinacas	Plátano	
	Pomelo	

PRIMAVERA

Verduras
Ajo
Calabacín
Cebolla
Cebolla tierna o
   cebolleta
Espárragos verdes
Guisantes
Habas
Judías verdes
Lechuga
Nabo
Patata nueva
Pepino
Puerro
Rábano

Remolacha
Zanahoria

Frutas
Albaricoque
Cereza
Fresa
Níspero
Plátano

Pescados y mariscos
Anguila
Atún
Boquerones
Caballa
Cabracho

Cigala
Congrio
Gallo
Fletán
Jurel
Langostinos
Lenguado
Palometa
Rape
Raya
Rodaballo
Salmón
Sardinas
Sepia
Trucha

VERANO

Verduras
Ajo
Berenjena
Calabacín
Cebolla
Cebolla tierna
   o cebolleta
Judías verdes
Lechuga

Pepino
Pimiento
Tomate
Zanahoria

Frutas
Aguacate
Albaricoque
Ciruela

Frambuesa
Higos
Melocotón
Melón
Nectarina
Paraguaya
Pera
Plátano
Sandía

Pescados y mariscos
Almejas
Anguila
Bonito
Cabracho
Calamares

Cigala
Fletán
Jurel
Merluza
Mejillones
Mero

Rodaballo
Salmón
Sardinas
Trucha

OTOÑO

Verduras
Acelgas
Ajo
Alcachofas
Apio
Berenjena
Brócoli
Calabaza
Cardo
Champiñones
Col
Coliflor
Endivias
Escarola
Espinacas
Judías verdes
Lechuga
Nabo
Patata vieja
Rábano
Remolacha

Setas
Zanahoria

Frutas
Caqui o Palosanto
Chirimoya
Frutos secos
Granada
Kiwi
Limón
Mandarina
Manzana
Membrillo
Naranja
Pera
Plátano
Uvas

Pescados y mariscos
Almejas
Bacalao

Berberechos
Besugo
Carpa
Centollo
Cigala
Congrio
Dorada
Fletán
Lubina
Mejillones
Mero
Nécoras
Palometa
Salmón
Salmonete
Trucha
Vieiras
Zamburiñas

Cocina para emancipados
Un blog idóneo para la gente que se inicia en la cocina
www.cocinaparaemancipados.com

DeRechupete
Cocina sencilla en uno de los gastroblogs con mejor diseño.
www.recetasderechupete.com/

El Cocinero Fiel
El referente indiscutible en videorrecetas.
www.elcocinerofiel.com

El Monstruo de las Galletas
Los postres de Pintxo, también bloguero de *Directo al Paladar*.
www.elmonstruodelasgalletas.com

Falsarius Chef
Cómo hacer buena cocina en minutos con latas y productos envasados.
www.falsariuschef.com

Gastronomía&Cía
Lo más parecido a una enciclopedia en forma de blog gastronómico.
www.gastronomiaycia.com

L'Exquisit
Cocina moderna, refinada pero fácil de hacer.
www.blogexquisit.com

La Cocina Paso a Paso
Web de referencia en cocina clásica, firmada por el sabio Apicius.
la-cocina-paso-a-paso.blogspot.com

LazyBlog
Uno de los blogs con más éxito y más recetas, bueno para iniciarse.
www.lazyblog.net

Mercado Calabajío
Recetas bien ejecutadas y explicadas paso a paso con fotos.
www.mercadocalabajio.com

Monsieur Cocotte
Buenos platos contados con sentido del humor.
www.monsieurcocotte.com

Pecados del Monaguillo
Si te gusta la cocina de vanguardia, pero casera, es el blog.
pecadosdelmonaguillo.blogspot.com

Pepacooks
Cocina casera fácil, probada y bien desarrollada.
www.pepacooks.com

Pepekitchen
Otra referencia de la blogosfera, con fiables recetas españolas
e internacionales.
www.pepekitchen.com

Secocina

Uno de los blogs con mejor gusto culinario, sin complicaciones en las recetas.

secocina.com

Uno de Dos

Blog recomendable si se buscan recetas chulas de postres.

www.unodedos.com

Vegetal y Tal

Su nombre lo dice todo: cocina vegetariana y vegana.

vegetalytal.blogspot.com/

VelocidadCuchara

Si lo tuyo es guisar con la Thermomix, no busques más.

www.velocidadcuchara.com

Webos Fritos

La madre de todos los gastroblogs españoles. Sus recetas no fallan.

webosfritos.es/

Abaceriaserrana.com

Ibéricos, legumbres, mermeladas, vinos y otras maravillas de la Sierra de Francia, en Salamanca.

Acueo.com

Las ostras para mí eran un lujo... hasta que descubrí esta tienda. Su asequible producto viene de Asturias, y es más parecido al que se consume en Francia que al gallego.

Carnevillamaria.com

El paraíso de los carnívoros vende ternera, buey, cerdo, cordero, cabrito y pollo de calidad a precios sorprendentemente buenos.

Comprarfoie.com

Uno de los mejores sitios para comprar foie y otros productos del pato. Lo elaboran artesanalmente en el Empordà (Girona).

Cuinarium.com

Productos para gourmets venidos de todo el mundo. Desde algas hasta caracoles pasando por setas, frutas, quesos, carnes o platos preparados. No es barato, pero es bueno.

Daiqui.com

La página web no es para tirar cohetes, pero el producto —sobre todo frutas y verduras ecológicas gallegas— vale la pena.

Deliterranea.com

Aceites, conservas, vinos, embutidos, mermeladas y quesos con un denominador común: haber sido producidos de forma artesana en el Mediterráneo.

Elteso.com
Tienda de *delicatessen* con productos que se salen de lo habitual.
Recomendable si se quiere hacer un regalo gastronómico.

Huertamediterranea.com
Cestas de fruta y verdura ecológica de toda la península, producida
por pequeños agricultores.

Japonshop.com
Alucinante tienda online de alimentos japoneses, con los comestibles
y las chucherías más insólitas.

Laalacena.net
Productos artesanos de Cádiz, algunos tradicionales como el vinagre,
las rosquillas o el almuerzo marinero de atún, y otros tan nuevos
como las algas aonori.

Mumumio.com
La web definitiva para comprar alimentos directamente de
productores. Alberga decenas de pequeñas tiendas, permite
comparar precios y vende casi de todo: fruta, verdura, queso,
embutido, aceite, carne, miel...

Paladarselecto.com
Web de conservas artesanas y productos gourmet con buena
reputación. Vende packs «fondo de armario», «comida semanal»
o «vegetariano» que no pintan nada mal.

Poncelet.com
Un buen sitio para encontrar quesos artesanos de toda Europa sin
moverte de casa.

Robiin.com

Bajo el lema «comercio justo», esta web valenciana hace gala de transparencia en el reparto de sus beneficios. Vende naranjas y otras frutas y verduras.

Seleqto.com

Club gastronómico con muy buenas promociones de productos gourmet, adquiridos directamente al productor.

Senslac.com

Si tienes intolerancia a la lactosa, este supermercado online te puede facilitar la vida.

ÍNDICE DE RECETAS

ÍNDICE DE INGREDIENTES

AGRADECIMIENTOS

Antes que a nadie, a Ainhoa Gomà, porque sin sus fotos yo no sería nadie. A Inés Casals y Eduardo Noeda, que me ayudaron gratis en los duros inicios. A Jose por soportarme y ser cobaya de mis experimentos en la cocina. A mi madre, Juli y May por sus recetas y sapiencia culinaria. A mis hermanos y cuñadas por ser mi consultoría vital, a Luisi por ser la mejor tía del Universo conocido y a mis sobrinos por ser los críticos más implacables con mis platos. A mis compañeros Dani y Susana por aguantar mis improperios. A Sito, por sus ánimos en la gestación de este libro. A Álvaro, por traerme libros y revistas de cocina de Londres. A todos mis amiguitos de Bilbao, Barcelona, Madrid, Santiago de Chile y Miami, que me coméis tan bien.

A Borja Echevarría y Gumersindo Lafuente de *El País*, que cometieron el disparate de apostar por mí. A Miguel Ángel Medina y Natalia Marcos, también de *El País*, por *vender* tan bien los *posts* de *El Comidista*, y a Fernando Hernández por ceder amablemente su diseño para el libro. A Emilia Lope y David Trías, de Plaza & Janés, por su simpatía y sus sabios consejos editoriales. A los gastroblogueros, por ayudarme y aceptarme como a uno más a pesar de ser un intruso. Y sobre todo, a la gente que me sigue en Facebook y Twitter o deja comentarios cada día en *El Comidista*, porque aunque no lo parezca he aprendido un montón de ellos.